HERAUSFORDERUNG SCHULDENKRISE

HERAUSFORDERUNG SCHULDENKRISE

HERAUSGEGEBEN VON DER
ALFRED HERRHAUSEN GESELLSCHAFT
FÜR INTERNATIONALEN DIALOG

PIPER
MÜNCHEN ZÜRICH

Alfred Herrhausen Gesellschaft für internationalen Dialog

Fotos: Heinz-Josef Beckers, Martin Joppen
Umschlag: Agentur R·M·E, Roland Eschlbeck
Titelbild: Premium Stock, Bavaria, Deutsche Bank
Gesamtherstellung: KöselBuch (www.KoeselBuch.de)
Printed in Germany

INHALT

Alfred Herrhausen
(30. 1. 1930 – 30. 11. 1989)

Die Zeit ist reif – Schuldenkrise am Wendepunkt

Diesen Text veröffentlichte Alfred Herrhausen vor über zehn Jahren. Er bildet die Grundlage für dieses Buch.

DIE ZEIT IST REIF – reif für einen neuen, erweiterten Lösungsansatz in der internationalen Schuldenkrise, die große Teile der Welt seit 1982 beschäftigt. Dieser Lösungsansatz muß den gewandelten Charakter des Problems berücksichtigen und ausgehen von der Struktur der Sachverhalte, vor die die unterschiedlichen Beteiligten sich heute gestellt sehen – Gläubiger, Schuldner, Regierungen und die Bretton Woods-Institute Weltbank und Internationaler Währungsfonds.

Im Jahre 1982, als die Krise ausbrach, waren bei 15 hochverschuldeten Ländern gegenüber internationalen Bankengläubigern insgesamt 270 Milliarden $ Schulden aufgelaufen. Der durchschnittliche Zinssatz für diese Verpflichtungen betrug damals 13,6%, inklusive einer Durchschnittsmarge von schätzungsweise 1,5% bei einer mittleren Laufzeit von acht Jahren. Die Krise, die mit dem Fall Mexiko begann und sich dann schnell auf andere Länder – vor allem solche in Lateinamerika – ausdehnte, zeigte zunächst alle Kennzeichen eines (vorübergehenden?) Liquiditätsmangels, der vor allem auf dem Zusammentreffen von zwei für die Entwicklungsländer besonders gravierenden Umständen beruhte: der weltwirtschaftlichen Wachstumspause und dem damit verbundenen Rückgang der Rohstoffpreise.

Der Ansatz, den man wählte, um schnell helfend einzugreifen, entsprach diesem Krisensymptom: Die Gläubiger stellten neue Kredite – »fresh money« – zur Verfügung, um die betroffenen Schuldnerländer in den Stand zu setzen, ihre Zinsverpflichtungen zu erfüllen. Außerdem wurden im weiteren Verlauf des Krisenmanagements in zahlreichen und ständig wiederkehrenden Umschuldungsverhandlungen neue Konditionen hinsichtlich Laufzeit (Tilgung!) und Margen vereinbart und so die jährlichen Finanzlasten, die die Schuldner zu tragen hatten, jedenfalls intentional reduziert. Hilfreich war in diesem Prozeß der weltweite Zinsrückgang vor allem bei der Hauptkreditwährung, dem US-Dollar. (Gegenüber 1982 liegt das Zinsniveau auf Dollarbasis heute um durchschnittlich vier Prozentpunkte niedriger.) Gegenläufig aber wirkte der Umstand, daß die »fresh money«-Kredite den Umfang der verzinslichen Schuld erhöhten, eine Konsequenz, die durch die gutgemeinte Tilgungsstreckung noch verstärkt wurde. Gegenüber 1982 sind netto zusätzliche Bankverbindlichkeiten von 20 Milliarden $ aufgelaufen. Der Gesamtstand an Bankschulden der hochverschuldeten Länder beträgt heute 290 Milliarden $.

Allein dieser Sachverhalt belegt, daß wir trotz außerordentlich engagierter pausenloser Bemühungen der Lösung der Krise nicht nähergekommen sind. Dies hat mit einem Umstand zu tun, der zwar in manchen inzwischen entwickelten und eingesetzten Instrumenten eine gleichsam stille Berücksichtigung gefunden hat, der aber gleichwohl nicht zum zentralen Orientierungspunkt für die Grundkonzeptionierung des Lösungsansatzes gemacht worden ist – mit der Tatsache, daß aus der anfänglich so verstandenen Liquiditätskrise der Schuldnerländer inzwischen eine Solvenzkrise geworden ist, der Charakter des Problems sich also geändert hat.

Die Gründe dafür sind vielfältiger Natur. Sie liegen gewiß in zahlreichen falschen und ineffizienten wirtschaftspolitischen Maßnahmen der Schuldner, die nicht geeignet waren, die betroffenen Wirtschaften gesunden zu lassen und durch reetabliertes Vertrauen die dort eingetretene Kapitalflucht zu stoppen und umzukehren. Sie liegen aber auch in nach wie vor vorhandenen Zugangserschwernissen auf den Märkten der Industrieländer sowie in der schieren Notwendigkeit, in hohem Umfang Ressourcen für den Schuldendienst abzuzweigen. Dieser Sachverhalt gewinnt mit international wieder steigenden Marktzinsen angesichts des inzwischen größer gewordenen Schuldenumfangs zunehmend an Bedeutung; außerdem sollte auch auf das ernste Problem der Inlandsverschuldung und die damit verbundene Belastung der Haushalte verwiesen werden.

Wie gesagt, manche der im sogenannten »menu approach« entwickelten Instrumente berücksichtigen den Tatbestand, daß Schuldenerleichterungen dem veränderten Charakter der Krise eher entsprechen als »fresh money«-Aktionen: »debt-equity swaps«, »exit bonds«, Schuldenrückkauf mit »discounts«, »debt-debt swaps« und neuerdings vereinzelt, aber noch in geringem Umfang, »debt-nature swaps«. Das Hauptgewicht aber lag und liegt bis jetzt bei neuer Mittelbereitstellung, die vor allem durch den 1985 vorgelegten und allgemein akzeptierten Baker-Plan, der vornehmlich auf Wachstumsfinanzierung abstellte, ihre erneute politisch-wirtschaftliche Rechtfertigung erhielt. So notwendig die Rückkehr der Schuldnerländer auf den Wachstumspfad ist, so zweifelhaft ist es – siehe die aktuelle Lage –, ob dieses Ziel durch Schuldenverhandlungen erreicht werden kann, die neben Teilerleichterungen der angeführten Art in erster Linie neue Kredite zur Aufrechterhaltung der Zahlungsbereitschaft der Schuldner anstreben.

Erschwerend kommt folgender Sachverhalt hinzu: Im Geflecht der Schuldenkrise haben wir es sozusagen mit drei Komplexitäten zu tun. Sie liegen in den unterschiedlichen Situationen begründet, in denen sich die in die Krise involvierten Parteien befinden. Zunächst ist die Lage der einzelnen Schuldnerländer unterschiedlich. Sie sehen sich alle spezifischen, individuellen wirtschaftlichen, politischen und sozialen Problemen gegenüber, für die es ein einheitliches Lösungskonzept nicht gibt. Argentinien, Brasilien, Mexiko, Venezuela, Nigeria, Elfenbeinküste, Marokko, Polen, Philippinen – diese nur beispielhafte Reihung zeigt schon die Vielfalt und die ganz unterschiedliche Struktur der Probleme, mit denen wir konfrontiert sind. Darin liegt die Begründung für die Notwendigkeit des sogenannten »case-by-case-approach«: Jeder Fall muß aufgrund seiner speziellen Kriterien gesondert und für sich angegangen werden.

Eine »case by case«-Situation war bisher aber auch in bezug auf die Gläubigerbanken gegeben – die zweite Komplexität. Sie befinden sich, abgesehen von ihrem nach Höhe und regionalen Schwerpunkten ganz unterschiedlichen Forderungsumfang, vor allem hinsichtlich der von ihnen zwischenzeitlich getroffenen Risikovorsorge in völlig ungleicher Lage. So haben die europäischen Banken schon sehr früh damit begonnen, die von ihnen gewährten Kredite wertzuberichtigen. Ihre Länderrisiken (mit Unterschieden in der Abgrenzung) dürften heute in durchschnittlichen Spannweiten zwischen 30 und 50% korrigiert sein. Dabei spielt eine entscheidende Rolle, daß die diesbezüglichen Wertberichtigungen in ihren Gewinn- und Verlustrechnungen als steuerlich abzugsfähige Aufwandsposten berücksichtigt worden sind. Sie stellen ein echtes Risikopolster dar, das für entsprechende Forderungsausfälle oder -reduzierungen (z.B. »swaps mit discounts«) in Anspruch genommen werden kann, ohne daß eine weitere Beeinträchtigung der Kapitalausstattung dieser Banken eintritt.

Die amerikanischen Banken haben hingegen erst wesentlich später (1987) begonnen, Wertberichtigungen vorzunehmen. Der von ihnen erreichte Vorsorgegrad dürfte deshalb heute erst bei durchschnittlich 30% liegen. Wichtig ist dabei zusätzlich folgender Umstand: Ihre »provisions« sind steuerlich nur unter sehr einschränkenden Bedingungen abzugsfähig. Sie stellen zudem entsprechend den in den USA geltenden Bilanzierungsregeln einen Teil des sogenannten »primary capital« dar, führen also bei Inanspruchnahme – die dann allerdings steuermindernd wirkt – zu einer »Beeinträchtigung« der bilanziellen Kapitalausstattung.

Die dritte große, im Zusammenhang mit der Schuldenproblematik relevante Institutsgruppe sind die japanischen Banken. Sie haben bisher in nur geringem Maße begonnen, auf ihre Länderrisiken Wertberichtigungen einzubuchen (jetzt bis zu 15%), da diese ebenfalls steuerlich nur in sehr geringem Umfang abzugsfähig sind; die zu versteuernde Vorsorge wird in die Kapitalbasis einbezogen.

Aus all dem ergibt sich, daß und in welcher Weise die Situation der Bankengläubiger uneinheitlich und komplex ist.

Dieser Umstand ist Konsequenz einer dritten Komplexität, ja er spiegelt sich in ihr wider: der unterschiedlichen Situation der für die Gläubigerbanken »zuständigen« Regierungen und Aufsichtsbehörden. Ihre für die Behandlung der Kredite maßgebenden handelsbilanz- und steuerrechtlichen Vorschriften weichen erheblich voneinander ab. Dies führt zu ganz unterschiedlichen politischen und fiskalischen Folgen und damit zu einer in bezug auf das Schuldenproblem unterschiedlichen konkreten staatlichen Interessenlage.

Als Zwischenresümee bleibt festzuhalten:

1. Die Krise hat sich verschärft.
2. Sie hat ihren Charakter geändert: Aus einer Liquiditätskrise ist eine Solvenzkrise geworden.
3. Diese Solvenzkrise beruht auf unterschiedlichen wirtschaftlichen, politischen und sozialen Faktoren der Schuldnerländer.
4. Ihr stehen Gläubigerbanken, Regierungen und Aufsichtsbehörden gegenüber, die sich ihrerseits ebenfalls in gänzlich unterschiedlichen Situationen befinden.

Es ist dieses Gesamtszenarium, das in der Vergangenheit dazu geführt hat, daß alle Lösungsansätze der verschiedenen zeitlichen und substantiellen Phasen auf dem kleinsten gemeinsamen Nenner beruhten: Sie sollten in einem äußerst uneinheitlichen Umfeld gleichwohl einheitlich sein. Deshalb haben uns weder die erste Phase – die des »fresh money« mit kurzfristiger Umschuldung – noch die zweite – die der langfristigen Umschuldung von Fälligkeiten mehrerer Jahre in Verbindung mit »fresh money« – und auch nicht die dritte – diejenige des Baker-Plans in Koppelung mit dem »menu approach« – der Lösung des Problems nähergebracht.

Inzwischen sind wir nun in eine vierte Phase eingetreten, die gegenüber den vorhergehenden Phasen einen signifikanten qualitativen Sprung darstellt: die Phase der Brady-Initiative. Sie rückt nicht mehr Umschuldungs- und »fresh money«-Aktionen in den Mittelpunkt des Bemühens, sondern Schuldenreduktion und Schuldendienstreduktion, sprich Schuldenerleichterung (»debt relief«). Damit entspricht sie der verändert wahrgenommenen Struktur des Problems und berücksichtigt die Tatsache, daß man eine Solvenzkrise nicht überwinden kann, indem man die Insolvenzkriterien, das heißt die Schuldenlasten, noch erhöht. Diese Erkenntnis bedeutet einen hoffnungsvollen Durchbruch zu neuen Lösungskonzepten, nachdem lange Zeit allein der Gedanke an konzeptionelle Schuldenerleichterungen aus durchaus verständlichen Motiven tabuisiert worden war.

Es stellt sich allerdings die Frage, ob jetzt auf dieser neuen Grundlage eine Strategie mit größerer Lösungswahrscheinlichkeit entwickelt und verwirklicht werden kann. Das Risiko, daß dies trotz des problemadäquateren gedanklichen Ansatzes wiederum nicht gelingt, ist unverkennbar: Wenn wir uns wie bisher in dem durch die beschriebenen drei Komplexitäten gekennzeichneten Umfeld nach dem schwächsten Glied der Kette ausrichten, wird auch in der vierten Phase eine Lösung des inzwischen geopolitisch dimensionierten Problems kaum erreichbar sein.

Die Banken sind aufgefordert, die grundlegenden Ziele der Brady-Initiative aufzugreifen und instrumentell umzusetzen. Hierzu müssen jedoch allgemein gültige Positionen formuliert werden, die auf den Einzelfall zugeschnittene Verfeinerungen und konkretes Handeln in erweiterten Optionsräumen erlauben. Entschlossenes und rasches Vorgehen ist geboten.

Was ist zu tun? Man kann wohl kaum über das schwächste Glied der Kette hinweggehen, weil dies bedeuten würde, die unverzichtbare Solidarität der Gläubiger aufzukündigen. Andererseits kann man ebensowenig das Phänomen des schwächsten Glieds beseitigen, solange die geschilderten Komplexitäten bestehen bleiben.

Aber man kann fragen, ob sie – diese Komplexitäten – denn bestehen bleiben müssen. Die Antwort hierauf lautet: nein. Zwei davon sind sozusagen »disponibel«, in einem der Problemlösung förderlichen Maße überwindbar. Es sind dies die miteinander vernetzten Szenarien der Gläubigerbanken und ihrer Regierungen und Aufsichtsbehörden. Diesen Szenarien können durch Entscheidung der Beteiligten ihre beschriebenen Unterschiedlichkeiten genommen, sie können egalisiert werden. Dadurch würden alle Glieder der Kette auf der Seite der Gläubiger in bezug auf die geschilderten Kriterien gleich stark, und es wäre ein »gemeinsamer Nenner« möglich, der in Qualität und Quantität dem Schuldenproblem gerecht würde und damit diesmal – jedenfalls auf der Seite der Kreditgeber – eine Lösung erreichbar machen könnte.

Dieser gemeinsame Nenner sollte seinerseits strukturell unkompliziert und schnell wirksam sein. Er sollte in einem generellen Angebot der Gläubigerbanken zum Ausdruck gebracht werden, das von »ihren« Regierungen und Aufsichtsbehörden mitgetragen, das heißt ermöglicht wird und allen Schuldnern offensteht, die sich dafür »qualifizieren«.

Wer von den Schuldnerländern »sich qualifiziert«, wäre von den Bretton-Woods-Instituten, also von Weltbank und Internationalem Währungsfonds, zu entscheiden. Diese müßten genauestens prüfen, welche wirtschaftspolitischen Mittel die Schuldnerregierungen anwenden wollen, um ihre ökonomischen und politischen Probleme zu lösen, das heißt ihre Insolvenzkrise zu überwinden und so die mit der Gläubigerhilfe angestrebte »Selbsthilfe« wirksam und nachhaltig zu praktizieren. Konditionalität bleibt als Voraussetzung für jedes Entgegenkommen der Kreditgeber unverzichtbar! Ihre Erfüllung ist der entscheidende Beitrag zur Lösung des Schuldenproblems! Sie muß »case by case« definiert und im Hinblick auf vereinbarungsgemäße Umsetzung von Fonds und Weltbank überwacht werden.

Auf der Seite der Schuldner geht es also um zwei Pflichten: um die Entwicklung und Vorlage eines problemadäquaten Wirtschaftsprogramms und um dessen konsequente Durchführung. Ihre Komplexität – die erste der drei beschriebenen – ist nicht auflösbar. Sie kann nur durch Anwendung von effizienten wirtschaftspolitischen Gesundungsmaßnahmen überwunden, sie muß »abgearbeitet« werden – unter Verwendung der Ressourcen, die die Bankengläubiger mit ihrem Angebot freimachen.

Wie könnte ein solches Angebot aussehen? Es sollte aus drei Teilen bestehen und sich beziehen auf die drei Kriterien, die jede Schuld kennzeichnen:

a) die Höhe der Verbindlichkeit,
b) den Zinssatz,
c) die Laufzeit.

Es sollte sich außerdem in einem Phasenschema konkretisieren, das heißt sequentiell gestaltet werden, um ein problemgerechtes »monitoring« zu ermöglichen.

Im einzelnen könnte es wie folgt verhandelt werden:

I. Für fünf Jahre wird der Zinssatz auf Altschulden in Stufen auf zum Beispiel bis zu 70%, 60%, 50% seiner jetzigen Höhe herabgesetzt (das heißt mit Ausnahme gewisser Verpflichtungen wie solche aus kurzfristigen Handelsfinanzierungen). Während dieser fünf Jahre nehmen die Gläubigerbanken – soweit noch nicht geschehen – steuerlich abzugsfähige Wertberichtigungen auf ihre Kapitalforderungen in Höhe von bis zu 50% vor. Selbstverständlich bleiben die von einigen Banken über diesen Satz hinaus gebildeten Wertberichtigungen hiervon unberührt.

II. Nach Ablauf von fünf Jahren werden die Zinssätze wieder auf die dann gültige Markthöhe angehoben, um die Schuldner in den internationalen Zinszusammenhang zurückzuführen. Dafür werden – bei entsprechender Einhaltung der Konditionalität – die Kapitalforderungen der Altschulden sofort oder in Stufen unter Inanspruchnahme der inzwischen angesammelten Wertberichtigungen im Wege des Forderungsnachlasses auf zum Beispiel bis zu 70%, 60%, 50% reduziert.

III. Die Laufzeit der eingangs ausstehenden Kredite wird generell auf 25 oder 30 Jahre festgesetzt mit einer »grace period« von fünf bis sieben Jahren.

Gläubigerbanken, die sich noch nicht in der Lage sehen, an dem Angebot mitzuwirken, haben zunächst die Möglichkeit, ihren Beitrag in neuem Geld zu leisten, wobei ihnen neben dem Recycling von Zinseinnahmen eine Vielfalt anderer Gestaltungsformen offensteht.

Daneben sollten die Absprachen folgende Gesichtspunkte berücksichtigen:

- die Möglichkeit zur Schaffung von Konversionsbonds in anderen Währungen als Dollar,
- die Vereinbarung von Besserungsklauseln für den Fall einer besonders günstigen außenwirtschaftlichen Entwicklung des Schuldnerlandes (Ölpreis, Zinsniveau),
- der Einbau von »claw back«-Klauseln bei Nichteinhaltung der Konditionalität.

Die materiellen Auswirkungen einer Schuldenerleichterung zwischen 10 und 50% für 15 hochverschuldete Länder sind aus der beigefügten Tabelle abzulesen. Sie zeigt, daß die beschriebene Regelung die begünstigten Länder in den Stand setzen würde, beträchtliche Ressourcen, die bisher für den Zinsendienst in Anspruch genommen werden mußten, umzuwidmen und solchen Zwecken zuzuführen, die der Gesundung der heimischen Wirtschaft dienen können. In der Schuldendebatte ist immer wieder darauf hingewiesen worden, daß die kreditnehmenden Länder für ihre weitere Entwicklung Geld brauchen. Richtiger wäre es zu sagen, sie benötigen Ressourcen. Denn was sie auf keinen Fall brauchen, sind neue Schulden. Der bloße Hinweis auf Geld, das erforderlich ist, nimmt diese dringend notwendige Unterscheidung nicht vor. Die Tabelle zeigt, daß die mit dem Gläubigerangebot ermöglichte veränderte Ressourcenallokation durchaus helfen kann: Die »Ersparnisse« der größten Schuldner können schon für den ersten Fünfjahreszeitraum jeweils höher sein als die von ihnen bisher erbetenen »fresh money«-Injektionen. Sie bekommen Ressourcen für Therapien frei, die die Gesundung ihrer Wirtschaft fördern. Hier haben die Schuldnerländer die besondere Verantwortung, die durch übermäßiges Gewicht ihrer öffentlichen Bereiche in Produktion und Verschuldung eingetretenen Verzerrungen zu korrigieren. »Debt equity swaps«, Privatisierungen und weitere Maßnahmen zur Stärkung des Privatsektors sollten daher wichtige Elemente des ja weiterhin gültigen »menu approach« bleiben.

Das in seiner Grundstruktur vorstehend beschriebene Angebot der internationalen Gläubigerbanken setzt, damit es zustande kommen kann, voraus, daß die zuständigen staatlichen Instanzen es ermöglichen. Sie müssen durch entsprechende handelsbilanz- und steuerrechtliche Regelungen eine Harmonisierung der Ausgangslage schaffen, in der sich die involvierten Kreditinstitute in bezug auf die Schuldenproblematik befinden. Konkret heißt das: Erstens – die nach dem beschriebenen Angebot erforderlichen Wertberichtigungen müssen mit steuerlicher Wirkung vorgenommen werden können. Zweitens – diese Wertberichtigungen müssen einen Vorsorgecharakter sui generis erhalten, so daß es im Jahr der Inanspruchnahme zu keiner Beeinträchtigung der Kapitalausstattung kommt.

Darüber hinaus wäre folgende Regelung zu prüfen: Eine so großzügige Hilfe zur Selbsthilfe durch die Gläubigerbanken wirft nach zwei Seiten hin Fragen auf – gleichsam nach vorne – in die Zukunft – und nach hinten – in die Vergangenheit. Was die zukünftige Entwicklung anbelangt, so muß man wohl davon ausgehen, daß ein etwaiger weiterer Kapitalbedarf der Schuldnerländer auf absehbare Zeit nicht mehr von den Banken unter Übernahme des vollen Risikos gedeckt werden kann, die sich jetzt zur Schuldenerleichterung bereitfinden. Hier müßten die Bretton-Woods-Institute und/oder die Regierungen der Industrieländer die benötigten Mittel zur Verfügung stellen. Allenfalls werden die Kreditinstitute in der kurzfristigen Handelsfinanzierung, der Projekt- sowie Kofinanzierung engagiert bleiben.

Was die Vergangenheit anbelangt, so ergibt sich für die Banken die Frage, mit welchem Wert sie die nach dem eventuellen Teilerlaß noch verbleibenden Forderungen in ihren Bilanzen ansetzen sollen. Grundsätzlich hängt deren Wert natürlich von der Kreditwürdigkeit der Schuldner ab. Da diese Kreditwürdigkeit zur Zeit nicht gegeben ist und ihre Wiedererlangung mit dem geschilderten Lösungsansatz erst eingeleitet werden soll, besteht noch auf geraume Zeit ein Risiko, dem die Banken durch Wertberichtigungen in freiem Ermessen Rechnung tragen sollten. Durch geeignete Sicherungserklärungen der Gläubigerregierungen (»credit enhancement«) könnte dieses Risiko so lange und insoweit abgedeckt werden, wie die Kreditwürdigkeit der Schuldner noch nicht wieder erreicht ist.

Als weiteres Zwischenresümee bleibt festzuhalten:

1. Ein Angebot auf Schuldendienst- und Schuldenerleichterung entspricht dem Insolvenzcharakter der Schuldenkrise.
2. Ein solches generelles Angebot seitens der Gläubigerbanken egalisiert deren Involvement.
3. Es bedarf als Conditio sine qua non der Schaffung von entsprechenden Voraussetzungen durch die für die Gläubigerbanken zuständigen Regierungen und Aufsichtsbehörden. Diese würden dadurch auch ihre Ausgangslage egalisieren.

4. Für weiteren Kapitalbedarf der Schuldnerländer (mit Ausnahmen wie der kurzfristigen Handelsfinanzierung) müssen die Bretton-Woods-Institute und/oder die Regierungen der Industrieländer »einspringen«, solange nicht Kräfte des Marktes unter Einschluß autonomer Bewegungen privater Kapitalien der Länder selbst einsetzen.
5. Die Restforderungen der Banken könnten durch »credit enhancement« abgesichert werden.

Geht man einmal von diesem Gesamtszenarium aus, so konzentriert sich die künftige Problemstruktur der internationalen Schuldenkrise auf folgende Kriterien:

Die »Hilfe zur Selbsthilfe« durch die beteiligten Kreditinstitute setzt nach Erteilung des Qualifizierungstestats durch Weltbank und Währungsfonds im Wege der Zinssenkung sofort ein. Für die ins Auge gefaßte spätere Forderungsreduktion wird den Banken genügend bilanzielle Vorbereitungszeit eingeräumt.

Es verbleibt die Qualifizierungspflicht der Debitoren, das heißt es verbleibt genau die Problematik, die den eigentlichen Kern der Krise ausmacht. In den notwendig werdenden Diskussionen zwischen Fonds und Weltbank auf der einen und den Kreditnehmern auf der anderen Seite wird künftig nicht mehr über Schulden, sondern über Ökonomie verhandelt werden müssen, also über den einzigen Weg, der endgültig aus der Krise herausführen kann: richtige wirtschaftspolitische Konzepte! Sie können durch das »Entgegenkommen« der Banken nicht ersetzt, sondern nur erleichtert, hier und da vielleicht erst ermöglicht werden. Aber wenn sie in Entwurf und Durchführung nicht gelingen, gibt es keine Lösung! Dieser Umstand weist den beteiligten Verhandlungspartnern ein großes Maß an Verantwortung zu. In den Häusern von Weltbank und Währungsfonds wird dies praktisch zu einer internationalen Dauer-Wirtschaftskonferenz führen, deren Ergebnisse ganze Länderschicksale entscheiden.

Auf der Seite der Gläubigerregierungen sollte man die geopolitische Relevanz der neuen Phase der Schuldenkrise klar erkennen und mit eigener Verpflichtung akzeptieren. Die in geeigneten Dimensionen zu begreifende Rollenverteilung zwischen Banken und Regierungen geht über »burden sharing« – das heißt Unterstützung der Bretton-Woods-Institute, Anpassungen im rechtlich-steuerlichen Umfeld der Banken, großzügige Umschuldungen des »Pariser Club« und bewegliche Politik staatlicher Exportkreditversicherer – hinaus und muß von qualitativer und politischer Substanz sein. Angesichts der Dringlichkeit einer diesmal greifenden Lösung sind Argumente des »bailing out the banks« unangebracht. Im übrigen sind sie unrichtig. Wenn vorgebracht wird, daß man durch Teilnahme an den bei den Banken eintretenden Einbußen an deren Verlusten partizipiert und dadurch solche Verluste »sozialisiert«, so sollte man fairerweise zugeben, daß ja auch deren Gewinne sozialisiert werden, und zwar immer, da der Fiskus unvermeidlicher- und berechtigterweise über die Ertragssteuern stets einer der Hauptempfänger von Teilen dieser Gewinne ist. Es ist das kennzeichnende Charakteristikum eines balancierten Steuersystems, daß man an beidem teilnimmt – an Gewinnen ebenso wie an Verlusten. Der Sozialisierung der positiven entspricht die Sozialisierung der negativen Unternehmensergebnisse.

Abschließend kann man zu dem vorstehenden Konzept folgende Fragen stellen:

Ist ein Aderlaß der Gläubigerbanken nötig? Die Antwort lautet: ja; denn die Solvenzkrise der Schuldner bedarf zu ihrer Lösung auch der Schuldenerleichterung.

Ist ein Entgegenkommen der Banken gerechtfertigt? Die Antwort lautet: ja; denn eine mit diesem Entgegenkommen möglich gemachte Wiedergesundung ihrer Kreditnehmer ist langfristig auch im Gläubigerinteresse. In dem Maße, in dem die Schuldnerländer wieder kreditwürdig werden, erlangen sie auch Marktqualität zurück, was viele zukünftige geschäftliche Möglichkeiten eröffnet.

Können die Banken sich ein solches Entgegenkommen leisten? Die Antwort lautet: wohl nur dann, wenn die staatlichen Behörden in der beschriebenen Weise mitwirken. Unter dieser Voraussetzung sollte es für sie aber angesichts der bereits getroffenen Vorsorge zumutbar sein.

Kann man die Erleichterung von den Regierungen und den Aufsichtsbehörden erwarten? Die Antwort lautet: ja; denn im Sinne der weltweiten Vernetzung aller unserer Probleme ist ihr Interesse an der Stabilisierung der betroffenen Entwicklungsländer virulent. Der Name »Entwicklungsländer« bezeichnet ja auch ein geopolitisches Programm: Die Länder sollen sich entwickeln! Wenn sie dies tun, werden auch die entwickelten Länder in dem »Kontext der einen Welt«, in dem wir leben, davon profitieren.

Und endlich zum Schluß: Werden die Schuldnerländer ihre Pflicht tun? Die Antwort lautet: Man muß es hoffen. Ohne eine solche Hoffnung ist kein Weg, ist kein Lösungsansatz der richtige. Im übrigen weist der Test ihnen ja die Erstinitiative zu, denn nur wenn sie sich zuvor qualifizieren, kommen sie in den Genuß der Erleichterungen.

Bleibt das Risiko, daß die Implementierung ihrer Qualifizierungsprogramme auf halbem Wege abbricht oder scheitert, dann aber bereits Leistungen der Gläubiger erfolgt sind. Aber ist dieses Risiko größer als das, vor dem wir heute stehen? Dürfen wir annehmen, unsere Ansprüche auf dem bisher eingeschlagenen Wege besser und in größerem Umfang sichern zu können?

Die betroffenen Länder brauchen ein gewisses Mindestmaß an Vorausvertrauen. Dies müßte ihr eigenes Vertrauen in ihre Befähigung zur Problemlösung stärken und sie zu allen erforderlichen Anstrengungen verpflichten. Dann besteht auch eine Chance auf Repatriierung von Fluchtkapital, das seine »heimischen« Chancen wahrnehmen und so zur Überwindung der Krise beitragen könnte.

Die Zeit ist reif für einen neuen Versuch. Für alle Beteiligten steht hier mehr auf dem Spiel als Kapital und Zinsen.

Rolf-E. Breuer

Einführung

UNSER SYMPOSIUM »Herausforderung Schuldenkrise – Schuldenerleichterung auf dem Prüfstand« befaßt sich mit ethischen, politischen und wirtschaftlichen Aspekten internationaler Schuldenprobleme. Anläßlich dieser Veranstaltung gedenken wir des 10. Todestages von Dr. Alfred Herrhausen, dem Vorstandssprecher des Deutsche Bank Konzerns von 1985 bis 1989.

Alfred Herrhausen war eine außergewöhnliche Persönlichkeit mit einer Vielzahl von Talenten. Möchte man einige Charakteristika aufzeigen, die untrennbar mit seinem Namen verbunden sind, so ist dies vor allem das Talent, äußerst komplexe Zusammenhänge klar zu strukturieren und eingehend zu analysieren, und zwar unbeschadet von Tabus, Vorurteilen oder Strömungen des Zeitgeistes. Sein Leitprinzip lautete: *»Die meiste Zeit geht dadurch verloren, daß Dinge nicht zu Ende gedacht werden.«* Darüber hinaus hatte er den Willen zu führen, jedoch nicht mit der Absicht, sich Macht als Wert an sich zu verschaffen. Vielmehr war dieser Wille mit dem Anspruch an sich selbst verbunden, das aktiv umzusetzen, was einmal als »richtig« erkannt worden ist. Er fühlte sich für das »Ganze« verantwortlich und glaubte daran, daß die politischen und wirtschaftlichen Probleme unserer Zeit sich durch gemeinsame Anstrengungen lösen lassen. Er vertrat die Ansicht, daß die Wahrheit den Menschen zumutbar ist, und handelte auch danach. Entsprechend war er in vielen Bereichen der Wirtschaftspolitik engagiert, so zum Beispiel als Moderator bei der Umstrukturierung der deutschen Stahlindustrie in den achtziger Jahren oder bei Fragen der europäischen Integration sowie internationalen Schuldenproblemen.

Ein beeindruckendes Beispiel für die Integrität und Geradlinigkeit von Alfred Herrhausen war die aktive Rolle, die er bei der Lösung der Schuldenkrise in den achtziger Jahren spielte. Die Schuldenprobleme, die sich im Anschluß an das mexikanische Moratorium im Sommer 1982 insbesondere in Lateinamerika ausbreiteten, stellten das internationale Finanzsystem vor erhebliche Belastungen und Herausforderungen. Die damals verfolgte Strategie von Ad-hoc-Lösungsansätzen, die auf Umschuldungen und die Bereitstellung neuer Bankkredite abstellte, erwies sich nicht als zielführend. Dieser Ansatz bewirkte lediglich eine Zunahme der Schulden, ohne Spielräume für das von den Schuldnerländern so dringend benötigte Wirtschaftswachstum zu schaffen. In dieser Situation war Alfred Herrhausen der erste Bankier, der die Zahlungsschwierigkeiten der Schuldnerländer als Solvenzproblem und nicht als Liquiditätsproblem im Sinne der

Ad-hoc-Ansätze einstufte. In seinem berühmten Aufsatz »Die Zeit ist reif – Schuldenkrise am Wendepunkt« setzte er sich für Schuldenerleichterungen zugunsten derjenigen Länder ein, die sich durch eine stabilitäts- und reformorientierte Wirtschaftspolitik hierfür qualifizieren. Seine Idee bestand darin, ein vernünftiges Verhältnis von Schuldendienst und ökonomischer Leistungsfähigkeit herzustellen.

Mit seinem Vorschlag, die Schulden bzw. den Schuldendienst der damaligen Problemländer gegenüber den privaten Banken zu senken, war Alfred Herrhausen einer der Wegbereiter der späteren Brady-Initiative. Diese Vorstellungen trafen bei zahlreichen internationalen Banken nicht gerade auf Gegenliebe. Gleichwohl wurde die Brady-Initiative Anfang der neunziger Jahre umgesetzt. Die Schuldenerleichterung bestand hierbei in der Umwandlung notleidender Kredite in marktfähige Anleihen, verbunden mit der Option »Abschlag auf den Nennwert« oder »niedrigere Zinsen bei unverändertem Nennwert«. Die Brady-Initiative war bis heute – mit Ausnahme von Ecuador – ein Erfolg, und die betroffenen Länder konnten nach dem »verlorenen Jahrzehnt der achtziger Jahre« wieder auf einen Wachstumspfad zurückkehren.

Die Frage, ob eine Koppelung von Schuldenerleichterungen mit wirtschaftspolitischen Reformen heute noch zeitgemäß ist, läßt sich im Grunde nicht mit einem klaren »Ja« oder »Nein« beantworten, da jede Strategie zur Lösung von Schuldenproblemen auf den konkreten Fall abzustellen ist. Das Ziel muß auf jeden Fall die schnellstmögliche Wiederherstellung der Kreditwürdigkeit eines Landes auf den internationalen Finanzmärkten sein. Derzeit sind drei Bereiche von Schuldenproblemen von Interesse: die Asienkrise, die Entschuldungsinitiative zugunsten der hoch verschuldeten armen Entwicklungsländer (HIPC-Initiative) sowie der immer noch aktuelle Fall Rußland.

Um die Asienkrise von 1997/98 ist es seit der Stabilisierung der Finanzmärkte und der kräftigen wirtschaftlichen Erholung in den meisten betroffenen Ländern ruhiger geworden. Gleichwohl bleibt die Asienkrise aus verschiedenen Gründen ein interessanter Fall für die Schuldendiskussion. Zum einen im Hinblick auf die Ursachen, die im Gegensatz zur Schuldenkrise der achtziger Jahre nicht in der makroökonomischen Fehlsteuerung der Geld- und Finanzpolitik bestehen, sondern in der Beibehaltung unrealistischer Wechselkurse in Verbindung mit zahlreichen strukturellen Mängeln im mikroökonomischen Bereich, wie den Bank- und Finanzsystemen sowie der Unternehmensverfassung. Zum anderen waren in der Asienkrise in erster Linie Bank- und Anleiheschulden gegenüber dem Privatsektor betroffen, während die Schuldenkrise der achtziger Jahre zum größten Teil Bankkredite an den öffentlichen Sektor der Schuldnerländer betraf. Hinsichtlich der Konsequenzen sollte die wirtschaftliche Erholung in Asien jedoch nicht den Blick dafür verstellen, daß weiterhin erheblicher struktureller Reformbedarf besteht, wenn die »Tigerstaaten« auf einen nachhaltigen Wachstumspfad zurückkehren wollen.

Die 1996 gestartete HIPC-Initiative wurde anläßlich des G-7-Gipfeltreffens in Köln im Juni 1999 mit neuem Leben erfüllt und auf eine breitere Basis gestellt. Ihr Ziel ist ein angemessener Teilerlaß der Schulden von bis zu 41 – hauptsächlich afrikanischen – Ländern gegenüber öffentlichen Gläubigern einschließlich internationalen Institutionen, wie dem IWF und der Weltbank. Internationale Bankkredite spielen in diesen Ländern jedoch nur eine geringe Rolle. Ähnlich den Vorschlägen Alfred Herrhausens, muß ein Land sich durch eine reformorientierte Wirtschaftspolitik unter der Ägide des IWF und der Weltbank für eine Schuldenerleichterung qualifizieren. Aus unserer Sicht ist dieser Ansatz nur zu begrüßen. Die Senkung der öffentlichen Schulden darf jedoch nicht zu einer Alibiveranstaltung werden, indem die öffentlichen Geldgeber den ärmsten Ländern künftig weniger neue öffentliche Mittel zur Verfügung stellen.

Ein aktueller Krisenfall ist schließlich Rußland, das seit dem Sommer 1998 gravierende Zahlungsprobleme bei den Auslandsschulden des öffentlichen und privaten Sektors hat. Während ein Teil der Schulden (mit Fälligkeiten bis Ende 2000) gegenüber öffentlich-rechtlichen Gläubigern langfristig umgeschuldet wurde, bemüht es sich in den derzeitigen Verhandlungen um eine umfassende Lösung für die Schulden gegenüber Banken, wobei auch ein teilweiser Schuldenverzicht angestrebt wird. Zu berücksichtigen ist hierbei, daß sich aus Zahlungsbilanzgründen – nach der jüngsten Verdoppelung der Ölpreise weist Rußland einen hohen Leistungsbilanzüberschuß auf – keine zwingende Notwendigkeit für eine Reduktion des Schuldendienstes ableiten läßt.

Im Hinblick auf eine Wiederherstellung des Kapitalmarktzugangs der Problemländer stehen die nachstehenden Grundsätze zur Diskussion:

- Die Schuldenprobleme müssen fallweise, das heißt unter Berücksichtigung der spezifischen Situation des betreffenden Landes, betrachtet werden.
- Sämtliche Betroffenen, das heißt internationale Organisationen, Schuldnerländer, Industriestaaten und private Gläubiger, müssen ihren Beitrag zur Problemlösung leisten.
- Der IWF hat Koordinierungsfunktion beim Krisenmanagement und die Aufgabe der makroökonomischen Stabilisierung durch an Bedingungen geknüpfte Programme.
- Die Implementierung der IWF-Programme stellt ein Gütesiegel für die Gewährung zusätzlicher Gelder seitens öffentlicher oder privater Gläubiger dar.
- Die Weltbank und die regionalen Entwicklungsbanken sind für die Finanzierung von Entwicklungsmaßnahmen und die Umsetzung der erforderlichen Strukturreformen zuständig.
- Die Qualität der Wirtschaftspolitik der Schuldner-

länder ist für die Durchführung der Stabilitätsprogramme und Strukturreformen ausschlaggebend. Der wichtigste Grundsatz muß »Hilfe zur Selbsthilfe« sein.

- Die Aufgabe der Industrieländer besteht in der Sicherstellung eines stabilen wirtschaftlichen Wachstums und niedriger Zinssätze mittels einer soliden Wirtschafts- und Finanzpolitik sowie in der Öffnung der Märkte für die Produkte der Entwicklungsländer.
- Der Privatsektor einschließlich der Banken und anderer privater Gläubiger (z.B. Anleihegläubiger) muß mit dem Ziel einer fairen Lastenverteilung frühzeitig in das Management von Finanzkrisen einbezogen werden.
- Auf freiwilliger Basis erarbeitete Lösungen sowie die Einhaltung bestehender Verträge müssen Priorität haben.

Im Mittelpunkt der Konferenz stehen die folgenden drei Kernfragen:

1. Wie kann Entwicklungs- und Schwellenländern in einer Schuldenkrise wirklich geholfen werden? Politische und ethische Aspekte.
2. Krisenprävention und Krisenmanagement – wie kann das internationale Finanzsystem effizienter gestaltet werden?
3. Internationale Verschuldungsprobleme – Erfahrungen, aktuelle Situation, Perspektiven in Schwellen- und armen Entwicklungsländern.

Die ausgewählten Fälle zeigen beispielhaft, daß die Ideen und Initiativen Alfred Herrhausens hinsichtlich Schuldenerleichterungen noch heute aktuell sind. Mit Blick auf die derzeitigen globalen Probleme wird deutlich, daß dieses Thema auch in Zukunft nicht an Bedeutung verlieren wird. In diesem Zusammenhang äußern sich Lester Brown und Christopher Flavin, die Verfasser der Millennium-Sonderausgabe des State-of-the-World-Berichts, die im Januar 1999 vom Worldwatch Institute herausgegeben wurde, wie folgt: »In einer global vernetzten Wirtschaft könnten rapide fortschreitende Abholzung, sinkende Grundwasserspiegel und zunehmend schneller voranschreitende Klimaveränderungen die Volkswirtschaften auf der ganzen Welt in den nächsten Jahrzehnten erheblich schädigen. Im Laufe des 20. Jahrhunderts ist die Weltbevölkerung um mehr als vier Milliarden Menschen gewachsen, das heißt um das Dreifache der Anzahl Menschen zu Beginn des Jahrhunderts. Im gleichen Zeitraum stieg der Energie- und Rohstoffverbrauch um das Zehnfache. Diese Entwicklung kann sich nicht mehr lange fortsetzen. Für das kommende 21. Jahrhundert stellt sich die große Frage, ob wir den Einfallsreichtum und die Fähigkeit zum Wandel aufbieten werden – und dies schnell zu tun, um umweltbedingten wirtschaftlichen Rückgang abwenden zu können. Eines können wir mit Sicherheit sagen: Das 21. Jahrhundert wird sich ebenso stark vom 20. Jahrhundert unterscheiden wie letzteres vom 19. Jahrhundert.«

Die globalen Probleme im Zusammenhang mit Klimaveränderungen und die immer größer werdende Kluft zwischen Arm und Reich, zwischen Norden und Süden, erfordern eine klare Analyse und anhaltende Bemühungen zur Schaffung der richtigen Rahmenbedingungen, die eine stabile Entwicklung auf unserem Planeten ermöglichen. Als Träger des Vermächtnisses von Alfred Herrhausen fühlen wir uns als Deutsche Bank sowohl in ethischer als auch in wirtschaftlicher Hinsicht verantwortlich für das Ganze. Als »Global Player« an den Finanzmärkten möchten wir unseren Einfluß – insbesondere bei Finanzfragen – im Sinne einer positiven Entwicklung geltend machen.

James A. Baker

Was brauchen die Entwicklungsländer?

ES IST MIR EINE EHRE, heute zusammen mit Ihnen ein äußerst wichtiges und zeitgemäßes Thema zu beleuchten, nämlich die Frage, wie man den Entwicklungsländern und den hochverschuldeten Emerging-Market-Ländern am besten helfen kann.

Ich fühle mich besonders geehrt, an einem Forum teilnehmen zu können, das aus dem tragischen Anlaß des zehnten Todestages Alfred Herrhausens stattfindet. Ich hatte das Glück, ihn zu kennen und mit ihm zusammenzuarbeiten, als er Vorstandsvorsitzender der Deutschen Bank und ich US-Finanzminister war. Angesichts des professionellen und persönlichen Engagements Dr. Herrhausens bei den Schuldenerleichterungen der achtziger Jahre könnte die Thematik passender gar nicht sein. Ich kann mir nur wünschen, daß wir mit unseren Diskussionen zumindest annähernd an seinen Kenntnisstand und Weitblick herankommen.

Die Problematik der internationalen Verschuldung ist, wie uns allen bekannt, sowohl umstritten als auch kompliziert. Es geht schließlich um ein Thema mit tiefgreifenden ethischen, politischen und wirtschaftlichen Auswirkungen, wobei mehrere durchaus ehrbare Zielsetzungen miteinander in Konflikt geraten können.

Von Umschuldungen können viele verschiedene Parteien betroffen sein: darunter die Bevölkerung in den Schuldnerländern, internationale Banken, multilaterale Institutionen bis hin zu Inhabern von Schuldverschreibungen (sogenannten Bondholders).

Es ist ein Gebiet, das habe ich als Finanzminister festgestellt, auf dem berechtigte Interessen kollidieren und wo vernünftige Menschen unterschiedlicher Meinung sind. Und die Thematik ist seit den achtziger Jahren, sofern das überhaupt geht, noch komplexer geworden!

Eines kann ich Ihnen versichern: Ich komme nicht mit Pauschalantworten oder einfachen Lösungen zu Ihnen. Lassen Sie mich also mit einer Frage beginnen: Warum ist das Thema der Schuldenerleichterung heute so relevant? Schließlich sind Schuldenkrisen ja nichts Neues. Einige Länder befinden sich seit ihrer ersten Kreditaufnahme im Ausland in finanziellen Schwierigkeiten. Allein in den letzten 20 Jahren hat es genug Schuldenkrisen gegeben, die zu Turbulenzen an den globalen Finanzmärkten geführt haben. In den achtziger Jahren traf es Lateinamerika, 1994 Mexiko, 1997 Ostasien, 1998 Rußland. In all diesen Ländern kam es zu krisenhaften Zuspitzungen, die zumindest teilweise mit der mangelnden Schuldendienstfähigkeit gegenüber dem Ausland zusammenhingen.

Trotz der langen Geschichte der Schuldenkrisen hat das Thema in jüngster Zeit eine neue Dringlichkeit erlangt. Ein Grund läßt sich von meiner Aufzählung ablesen. Im Zuge der mexikanischen, ostasiatischen und russischen Krisen gibt es jetzt einen zunehmenden Konsens darüber, daß wir unseren Lösungsansatz bei denjenigen Ländern überdenken müssen, die ihren internationalen Zahlungsverpflichtungen nicht nachkommen können.

Hier hat man in letzter Zeit insbesondere die privaten Gläubiger dazu angehalten, bei internationalen finanziellen Rettungsaktionen einen größeren Teil der Verluste mitzutragen. Verbunden damit ist die wachsende Sorge um die »Ansteckungsgefahr«, die auf den heutigen globalen Finanzmärkten lauert. Angesichts des Ausmaßes und der Geschwindigkeit der Kapitalströme sind selbst große Volkswirtschaften nicht dagegen immun. Zugegeben: die Märkte in den USA und Europa sind relativ ungeschoren aus den Finanzkrisen, die 1997 in Ostasien begannen, hervorgegangen. Aber ich vermute, das hätte auch anders ausgehen können, wenn die Notenbanken auf beiden Seiten des Atlantiks die Zinssätze im letzten Jahr nicht ermäßigt hätten. Damals herrschte auf den Finanzmärkten eine starke Verunsicherung.

Ein weiterer Grund für die heutige Relevanz der Schuldenerleichterungen ist die deutliche Erkenntnis, daß in den sehr armen Ländern Südamerikas, Asiens und insbesondere Afrikas die Auslandsschulden extrem hohe Opfer von den dort lebenden

Menschen gefordert haben. Jedes Kind, das heute in Nicaragua geboren wird – einem Land mit einem Pro-Kopf-BIP von zirka 400 Dollar –, erbt 2000 Dollar an Auslandsschulden: ein Verhältnis, das auch für andere hochverschuldete arme Länder, die als »Heavily Indebted Poor Countries« oder »HIPCs« bekannt sind, durchaus repräsentativ ist.

Und schließlich gibt es auch ein zunehmendes Bewußtsein der ethischen Verantwortung, den Menschen in den armen Nationen durch Schuldenerlaß helfen zu müssen, eine Verpflichtung, die für viele Gläubige (darunter natürlich auch Papst Johannes Paul II.) durch den Beginn eines neuen Jahrhunderts – gar eines neuen Jahrtausends – verstärkt wird.

Infolgedessen gibt es immer lauter werdende Stimmen, die dafür plädieren, die Schulden der am wenigsten entwickelten Länder vollkommen zu erlassen. Die internationale Staatengemeinschaft beschäftigt sich bereits mit wichtigen internationalen Verschuldungsfragen. Die wichtigsten »offiziellen« Gläubiger (darunter vor allem die G-7-Länder, die Weltbank und der IWF) haben bereits Schuldenerleichterungs-Initiativen für die ärmsten Schuldnerländer gestartet, wofür sie allerdings auch Kritik geerntet haben, da diese Programme entweder unzureichend oder zu aufdringlich oder beides seien.

Die übergeordnete Fragestellung, wie man nun private Gläubiger in großangelegte Umstrukturierungsmaßnahmen einbindet, wird zur Zeit noch im Einzelfall entschieden. Das geschieht am besten auf freiwilliger Basis. Irgendwie muß ein Weg gefunden werden. Eines jedoch steht fest: Die Frage des Schuldenmanagements, ob nun eng auf die ärmsten Länder oder auf einen breiteren Kontext bezogen, wird uns noch eine ganze Weile begleiten.

Wie ich eingangs erwähnte, bin ich nicht mit spezifischen Lösungen hierher gekommen. Dennoch möchte ich ein paar Thesen aufstellen, die, wie ich glaube, Eckpunkte für unsere Diskussion sein können.

Erstens: Nicht alle Schuldenkrisen sind gleich! Insbesondere sollte man zwischen den Emerging-Market-Ländern und den hoch verschuldeten armen Ländern eine klare Trennungslinie ziehen. So gibt es einen himmelweiten Unterschied zwischen den ostasiatischen Krisen im Jahre 1997/98 und denjenigen, die in bestimmten afrikanischen Ländern seit Jahren und gar Jahrzehnten schwelen. In Ostasien handelte es sich um eine zwar ausgeprägte, aber im Grunde doch kurz- bis mittelfristige Liquiditätskrise, die durch einen unerwarteten Einbruch des Wechselkurses der nationalen Währungen ausgelöst wurde. Im Falle Afrikas zeigt sich ein chronisches, langfristiges Auseinanderklaffen zwischen Deviseneinnahmen und der Fähigkeit, die Auslandsschulden zu bedienen.

Das Ziel der internationalen Bemühungen in Ostasien bestand darin, die betroffenen Volkswirtschaften durch eine Kombination von Krediten und Umschuldungen darin zu unterstützen, möglichst schnell und zu annehmbaren Bedingungen zu den privaten

Finanzmärkten zurückzukehren. Ein Abschreiben der Schulden war weder notwendig noch erwünscht.

Bei den HIPCs liegen die Dinge völlig anders: Die Schulden der ärmsten Länder sind, realistisch betrachtet, größtenteils uneinbringlich. Und der Zugang dieser Länder zu den internationalen Finanzmärkten ist mittelfristig und selbst längerfristig stark eingeschränkt. Übrigens ist die Abschreibung der Verschuldung solcher Länder keine neue Idee: Diesen Schritt haben wir bereits unter der Präsidentschaft von George Bush in bezug auf die offiziellen Schulden einiger armer Länder Südamerikas und Afrikas getan.

Schuldenkrisen unterscheiden sich nicht nur nach ihrer Art, sondern auch nach ihrem Ausmaß. Der Unterschied zwischen kleinen Schuldnern und großen scheint sich teilweise zum Vorteil der letzteren auszuwirken. Wenn man bedenkt, wie hoch die Finanzinstitute der Gläubigerländer engagiert sind und wie stark die Gefahr eines Überspringens von Schuldenkrisen ist, so ist die internationale Gemeinschaft in höchster Alarmbereitschaft, sobald ein wichtiges Schwellenland ein Schuldendienstproblem hat. Es bewahrheitet sich der alte Spruch: »Wer der Bank 500 Dollar schuldet und nicht zahlen kann, hat ein Problem. Wenn aber jemand der Bank 500 Millionen Dollar schuldet und nicht zahlen kann, hat die Bank ein Problem.« Aber der Größenunterschied zwischen Finanzkrisen kann auch zugunsten der kleineren und ärmeren Schuldner ausfallen. Gläubiger, und insbesondere die privaten Gläubiger, können es sich in diesen Fällen einfach leisten, großzügig zu sein.

Meine zweite These ist, daß humanitäre Schuldenerleichterungen den Menschen in den betroffenen Ländern helfen müssen. Das klingt vielleicht selbstverständlich, wird aber oft übersehen. Und dafür zu sorgen, daß eine solche Hilfe ankommt, ist sowohl kompliziert als auch umstritten. Wenn die HIPCs die aus einer Schuldensenkung freiwerdenden Mittel zum Kauf von Waffen verwenden bzw. auf Offshore-Bankkonten fließen lassen, dann wird damit nichts für die arme Bevölkerung der Schuldnerländer getan.

Die heutige Verdrossenheit bei Auslandshilfen – sowohl in meinem Land als auch in anderen Ländern – erwuchs größtenteils aus dem weitverbreiteten Verdacht, daß mit diesen Hilfen nur unwirksame Prestigeprojekte gefördert oder, schlimmer noch, die Taschen korrupter Staatsdiener gefüllt worden sind. Und leider Gottes trifft dieser Verdacht recht häufig zu. In einem solchen Kontext könnte ein Schuldenerlaß mehr Schaden als Nutzen erzeugen, weil dadurch verantwortungslose politische Systeme an der Macht gehalten bzw. notwendige Wirtschaftsreformen hinausgezögert werden. Ob es uns gefällt oder nicht, die Konsequenz daraus ist, daß eine Schuldenerleichterung für die armen Länder nur unter der Aufsicht des IWF, der Weltbank, der wichtigsten Geldgeber, bzw. unter ihrer gemeinsamen Kontrolle stattfinden darf.

Dies kann eine überwältigende Aufgabe sein und –

das brauche ich kaum hinzuzufügen – eine höchst unpopuläre. Ich sehe hierzu allerdings keine Alternative. Wenn durch die Schuldenerleichterungen das Leben der Ärmsten erträglicher gemacht werden soll, dann müssen die daraus freiwerdenen Gelder für die medizinische Versorgung, für die Ernährung der Kinder und für Bildungszwecke ausgegeben werden. Und das erreicht man nur, wenn dies mit bestimmten Bedingungen einhergeht. Es ist daher kaum verwunderlich, daß die verschiedenen Initiativen zur Schuldenumstrukturierung in den allerärmsten Ländern an gewisse Bedingungen geknüpft sind. Nun ist man sich über ihre genaue Ausgestaltung oft nicht einig. Und die Rolle des IWF bei deren Verwaltung ist auch umstritten – zumindest in meinem Land. Aber zum Schuldenerlaß gehört einfach die Einhaltung gewisser Bedingungen. Das ist für mich zwingend erforderlich. Hierbei geht es nicht nur um das humanitäre Prinzip, sondern einfach auch um politische Erwägungen.

Ein oder zwei Horrormeldungen über veruntreute Gelder in den Empfängerländern würden schon ausreichen, um die heutige breite Unterstützung für Schuldenerleichterungen zu gefährden. Wer das nicht glaubt, braucht sich nur die gegenwärtige Aufregung über die mögliche Fehlverwendung von IWF-Geldern in Rußland anzuschauen. Auch in der Elfenbeinküste und in Simbabwe sind Mittel, die für soziale Programme vorgesehen waren, an korrupte Beamte geflossen bzw. für die militärische Unterstützung des Krieges im Kongo verwendet worden.

Meine dritte These: Eine Schuldenerleichterung muß mit einer gerechten Verteilung der anfallenden Kosten verbunden sein. Das ist wahrlich keine leichte Aufgabe! Zu den Gläubigern gehören natürlich multilaterale Institutionen, bilaterale staatliche Gläubiger, Banken sowie Anleihegläubiger. Aber es ist eminent wichtig, daß *alle* Gläubiger die Kosten einer Schuldenumstrukturierung gemeinsam tragen. Insbesondere sollten die öffentlichen Gläubiger nicht gezwungen werden, die ganze Rechnung zu übernehmen. Steuerzahler überall auf der Welt haben auch Rechte. Und was noch wichtiger ist, sie wissen es auch. Wenn die Öffentlichkeit das Gefühl hat, daß Steuergelder dazu benutzt werden, dem privaten Sektor aus der Patsche zu helfen – insbesondere großen Banken oder reichen Anleihegläubigern –, wird sie nicht länger bereit sein, spezifische Rettungsmaßnahmen zu unterstützen, und sie wird sich auch von internationalen Institutionen wie dem IWF abwenden.

Und was vielleicht noch wichtiger ist: Eine gleichmäßige Verteilung der Kosten der Schuldenerleichterung ist lebenswichtig, um das Risiko der moralischen Falle (moral hazard) an den internationalen Finanzmärkten zu minimieren. Heute ist klar, daß die russische Krise des vergangenen Jahres zumindest zum Teil von den Erwartungen einiger Investoren herrührte, daß der IWF und die G-7-Staaten, nach der großzügigen Hilfe für Mexiko und Ostasien, letztendlich auch Rußland nicht im Stich lassen würden. Nun ist mir klar, daß die »Moral-Hazard«-Problematik nicht ganz von der internationalen Finanzarena verschwinden kann.

Solange einzelne Länder und multilaterale Institutionen bereit sind, bei Krisen einzuschreiten, wird es immer ein Element von »privatem Gewinn/öffentlichem Risiko« im internationalen Kapitalverkehr geben. Aber es ist genauso klar, daß diese moralische Falle geschlossen werden kann, wenn man insbesondere private Gläubiger in die Sanierungspakete einbindet – oder, wie manche salopp sagen: sie zwingt, »Haare zu lassen«. Es handelt sich hierbei um eine gewaltige Aufgabe. Enorme Geldsummen sind im Spiel. In den letzten zehn Jahren haben private Investoren und Kreditgeber den wichtigsten Emerging Markets 1,2 Billionen Dollar geliehen, das heißt sechs Mal soviel, wie sie von offiziellen Quellen erhalten haben.

Die Zusammensetzung der geliehenen Mittel hat sich auch verändert. So hat es insbesondere eine klare Verlagerung gegeben weg von syndizierten Bankdarlehen an Regierungen und hin zu Bonds – ein Trend, der sich in den nächsten Jahren noch verstärken wird. Anfang der achtziger Jahre konnte sich eine Schuldenumstrukturierung auf wenige staatliche Gläubiger und eine relativ kleine Zahl von Geschäftsbanken beschränken. Aber die zunehmende Beliebtheit von staatlichen Schuldverschreibungen zur öffentlichen Finanzierung in den Emerging Markets hat die Situation enorm kompliziert. Diese Schuldverschreibungen befinden sich nämlich im Besitz von

Tausenden von Privatpersonen, institutionellen Investoren und Investmentfonds in zahlreichen Ländern.

Bei den Anleiheverträgen ist es traditionell so, daß nur einstimmig oder nahezu einstimmig gehandelt werden kann; selbst einige wenige Anleihegläubiger, die vor Gericht ziehen, können eine Umstrukturierungsmaßnahme effektiv blockieren. Es gibt genügend Vorschläge dafür, wie man die Inhaber von Anleihen in Schuldenerlaß-Pakete mit einbinden kann. Einige Vorschläge zielen darauf ab, die vertraglichen Bedingungen zu ändern, damit es im Falle einer Schuldenkrise zu weniger zeitaufwendigen und komplizierten Verhandlungen kommt. Ehrlich gesagt, bin ich in diesem Punkt ganz offen. Mir ist auch klar, daß eine Einbindung der Anleihegläubiger in Schuldenumstrukturierungen den kurz- bis mittelfristigen Fluß von privatem Kapital in weniger entwickelte Wirtschaften beeinträchtigen könnte, aber das gilt für jeden Versuch, den »Moral-Hazard-Faktor« in Verbindung mit der Umstrukturierung zu reduzieren. Und ein Rückgang der Privatzuflüsse steht vielleicht sowieso bevor, wenn andere Länder dem Beispiel Ecuadors folgen sollten und bei der Bedienung von Anleihen säumig werden, insbesondere bei den sogenannten Brady-Bonds, die im Tausch gegen einen vorausgegangenen Schuldenerlaß begeben werden. Aber über eines bin ich mir ganz sicher: Anleihegläubiger werden eine wichtigere Rolle bei den Schuldenerleichterungsmaßnahmen spielen müssen. Und in der Welt der Schuldenumstrukturierung heißt »spielen« in diesem Fall »zahlen«.

Meine vierte These: Ein Schuldenkrisen-Management muß in einem breiteren Kontext gesehen werden, nämlich als Maßnahme zur Förderung des Wirtschaftswachstums sowohl bei den Entwicklungs- als auch bei den Industrieländern. Der Grund ist einfach. Durch einen Schuldenverzicht wird die Armut nicht beseitigt. Das kann nur ein nachhaltiges, breit angelegtes Wirtschaftswachstum schaffen. Um ein solches Wachstum zu erreichen, müssen die Entwicklungsländer eine ständige Reformbereitschaft zeigen. Diese Reformen brauche ich hier nicht im Detail aufzuführen. Die Liste der Maßnahmen ist Ihnen allen bekannt: ein vernünftiges Wechselkurssystem, Budgetdisziplin, Deregulierung der Inlandsmärkte, Privatisierung der unwirtschaftlichen staatlichen Unternehmen. Hinzu kommt noch, wie die Krise Ostasiens 1997 vor Augen geführt hat, die Notwendigkeit eines gut überwachten Bankensystems mit ausreichender Kapitalausstattung, hoher Transparenz und möglichst niedriger politischer Einmischung.

Solche Reformen fördern nicht nur das allgemeine wirtschaftliche Wachstum, sondern stärken insbesondere auch die Fähigkeit der Emerging Markets, die Schuldenproblematik zu umgehen oder zu minimieren. Investitionen des Auslands spielen bei der Förderung des wirtschaftlichen Wachstums eine wichtige Rolle. Und zunehmend bedeutet das *private* Investitionen aus dem Ausland. Eigentlich stellen die Jahre seit dem Zweiten Weltkrieg mit dem hohen Niveau offizieller Unterstützung eher eine Ausnahme dar: In früheren Perioden mit hohen internationalen Geldflüssen, insbesondere in den letzten Jahrzehnten vor dem Ersten Weltkrieg, waren fast ausschließlich private Geldströme zu verzeichnen.

Der sinkende Anteil offizieller Unterstützung des internationalen Kapitalverkehrs ist ein Trend, der sich fortsetzen wird – nicht nur wegen des Wachstums der internationalen Finanzmärkte, sondern auch weil aufgrund der fiskalischen Engpässe in vielen Wirtschaften der Industrieländer starke Erhöhungen der Entwicklungshilfe eher unwahrscheinlich sind.

Nun gebe ich zu, daß Kapitalströme, insbesondere kurzfristige, problematisch sein können. Sie können zu kurzfristigen spekulativen Exzessen führen, die sehr wenig mit den wirtschaftlichen Fundamentaldaten zu tun haben. Das Ausmaß solcher kurzfristiger Kapitalbewegungen während der Ostasien-Finanzkrise von 1997 hat ein erneutes Interesse an kurzfristigen Kapitalkontrollen entstehen lassen, wie sie beispielsweise in Chile angewandt werden. Um ehrlich zu sein: ich habe meine Zweifel!

Auch wenn Kontrollen theoretisch attraktiv sind, befürchte ich, daß man sie in der Praxis dazu benutzt, um unhaltbare Wechselkursstrukturen aufrechtzuerhalten oder eine unverantwortliche makroökonomische Politik zu betreiben, was dann letztlich zu einer Verschärfung der Krise führt, wenn sie schließlich doch stattfindet. Chile ist auf jeden Fall eine Ausnahme, sowohl im Hinblick auf sein marktwirtschaftliches Engagement als auch auf die Erfolgsbilanz ihrer soliden makroökonomischen Politik. Und was in Chile klappt, muß nicht unbedingt in anderen Ländern klappen, die nicht über das nötige Engagement und eine solche Erfolgsbilanz verfügen. Auch entwickelte Länder müssen ihren Teil bei der Förderung des Wachstums übernehmen. Die G-7-Länder, als wichtigste offizielle Geldgeber und Sitz der meisten großen Finanzinstitute sowie der Führer der Weltwirtschaftsgemeinschaft, müssen eine Schlüsselrolle bei der Bewältigung lang- bzw. kurzfristiger Schuldenkrisen spielen. Aber die Industrieländer müssen auch ihre eigenen Volkswirtschaften stark und ihre Märkte offen halten. Eine robuste Nachfrage in den G-7-Ländern ist unerläßlich für das wirtschaftliche Wohlergehen der weniger entwickelten Länder auf der ganzen Welt.

Und nichts – und ich meine auch gar nichts – könnte verhängnisvoller für die Aussichten der Schuldnerländer sein als protektionistische Maßnahmen der großen Industrieländer. Deshalb ist es um so wichtiger, bei neuen Welthandelsgesprächen Fortschritte zu machen – Fortschritte, die entscheidend von der Führung der G-7-Länder abhängen und die (angesichts der Ausschreitungen in Seattle) wohl verschoben werden müssen, bis ein neuer US-Präsident im Amt ist, der bei der Handelsliberalisierung *politische Erwägungen nicht vor prinzipielle Entscheidungen* stellt.

Abschließend möchte ich Sie bitten, bei Ihren Überlegungen stets daran zu denken, daß kurzfristige Umstrukturierungen und langfristige Schuldenerleichterungen zwar Mittel sind, aber nicht der Zweck. Wenn wir zu eng und kurzfristig denken und handeln, besteht das Risiko, daß in zehn, zwanzig oder dreißig Jahren wieder Symposien wie dieses stattfinden, auf denen eine weitere Runde von Schuldenkrisen besprochen wird. Das ist der Grund, warum ich in meinen Bemerkungen den Schwerpunkt auf eine breitere, langfristige Perspektive für Wirtschaftsreformen und -wachstum gelegt habe. Aber ich gebe zu, daß Keynes recht hatte, als er sagte: »Auf lange Sicht sind wir alle tot.«

Die Frage nach dem bestmöglichen Umgang mit Schuldenkrisen ist eine dringliche Aufgabe. Und sie muß auch vordringlich angegangen werden. Dabei sollten wir uns dennoch ständig bewußt sein, daß wir unser wahres Ziel nur durch Wirtschaftsreform und fundiertes Wachstum erreichen können. Es ist ein Ziel, auf das wir uns alle – ob Banker oder Bürokraten, Gläubiger oder Schuldner, Aktivisten oder Analysten – einigen können: die Schaffung eines Lebens mit mehr Sicherheit und einer guten Versorgung für die Hunderte von Millionen Menschen, die weltweit noch in erdrückender Armut und erschreckender Not leben. *Das* ist die Trophäe, die wir im Auge behalten müssen. Und nur mit einer breit angelegten Perspektive, die im Engagement für privates Unternehmertum fest verankert ist und eine liberalere, freie und offene Welthandels- und Investitionstätigkeit fördert, wird es uns möglich sein, dieses Ziel zu erreichen.

Franz Kamphaus

Entwicklung braucht Entschuldung

DER BLICK DES WELTRAUMFAHRERS auf die Erde hat sich uns eingeprägt: unser blauer Planet mitten im schwarzen All. Zum erstenmal in der Menschheitsgeschichte haben wir die ganze Erde vor Augen, nicht nur in unseren Träumen und Phantasien, sondern real. Der Mensch schaut von außerhalb auf den Globus. Kaum etwas kennzeichnet das zu Ende gehende 20. Jahrhundert so nachhaltig wie dieser Blick. Er hat unsere Perspektive von Grund auf verändert. »Globalisierung« sagen wir nicht von ungefähr. Die Entfernungen zwischen den entlegensten Enden der Erde spielen kaum noch eine Rolle: globale Kommunikation, globale Wirtschaftsbeziehungen, globale Finanzmärkte. Eine Welt! Nur durch den Markt?

Eine Globalisierung, die nur auf den technischen Fortschritt und den ökonomischen Nutzen setzt, verliert schließlich den Menschen aus dem Blick. Da liegt unser Problem. In der ökonomischen Globalisierung sind wir Riesen, in der ethischen Globalisierung sind wir Zwerge. Handlungs- und Verantwortungsräume sind auseinandergedriftet. Es geht nicht an, ökonomisch global zu denken und zu handeln, politisch multilateral und moralisch provinziell. Der Handelnde übernimmt dort, wo er tätig wird, immer auch Verantwortung für die Folgen seines Handelns. Ist der Raum des wirtschaftlichen Handelns global, wird auch die Verantwortung global. Wenn wir von Weltgesellschaft sprechen, dann darf das Gemeinwohl nicht auf die engen nationalen Grenzen beschränkt bleiben. »Gemeinwohl« können wir heute nicht ohne die Länder der Dritten Welt definieren, schon gar nicht mit dem Rücken gegen sie.

I. Sehen, was ist

Die Gesamtverschuldung der Entwicklungsländer hat sich seit Beginn der achtziger Jahre fast verdreifacht. 1997 betrug sie laut Weltbank 2171 Milliarden Dollar, der Schuldendienst liegt derzeit bei etwa 250 Milliarden Dollar jährlich. Im Mittelpunkt der öffentlichen Diskussion standen in den vergangenen Monaten die armen und ärmsten hochverschuldeten Länder (Highly Indebted Poor Countries [HIPC]). Etliche von ihnen können ihren Schuldendienst längst nicht mehr leisten. Die ihren Verpflichtungen nachzukommen versuchen, bezahlen dies allzuoft mit schweren sozialen Folgen.

Beispiel Sambia: Ende 1995 hatte das Land langfristige Auslandsschulden in Höhe von über 5 Milliarden Dollar. Dabei unterwarf sich Sambia bereits Anfang der achtziger Jahre dem vom IWF verordneten Strukturanpassungsprogramm. Seither ist die Inflation von 200% im Jahr 1991 auf rund 23% für 1997 gesunken. Erreicht worden sind denn auch ein ausgeglichener Staatshaushalt, eine schärfere Kontrolle der Geldmenge und die Freigabe der Wechselkurse. Die gesamtwirtschaftlichen Verbesserungen wurden jedoch um einen hohen Preis erkauft. Von 1990 bis 1993 gab die sambische Regierung 37 Millionen Dollar für Grundschulbildung aus – gleichzeitig zahlte sie 1,3 Milliarden Dollar an Schuldendienst. Zwischen 1985 und 1995 sank die Lebenserwartung von 52 auf 48 Jahre. Im gleichen Zeitraum stieg bei Kindern unter fünf Jahren die chronische Unterernährung von 13,5% auf 20,3% und die Sterblichkeitsquote von 40% auf 53%. Nach Angaben der Weltbank leben bis zu 80% der Sambier in absoluter Armut. Unterdessen stieg der Schuldenstand dennoch weiter an: Bei allen Anstrengungen reichten die Rückzahlungen nicht einmal zur Bedienung der fälligen Tilgungsraten und Zinsen.

Die Kreditaufnahme, »die zur Entwicklung der Völker bestimmt war, ist zu einer Bremse, in gewissen Fällen sogar zur Ursache einer verschärften Unterentwicklung geworden« (Papst Johannes Paul II., Sollicitudo rei socialis 19). Länder südlich der Sahara zahlen an Gläubiger im Norden viermal soviel wie für die Gesundheit ihrer Bevölkerung. Anstatt die Schule zu besuchen, arbeiten in Bolivien 700000 Kinder, um ihre Familien zu unterstützen. Da das Land heute nur noch geringe Exporterlöse erzielt, muß es weitere Kredite aufnehmen, um die Grundbildung seiner Bevölkerung zu sichern.

Die Armen sind nicht gefragt worden, als ihr Land Kredite aufnahm; sie haben in den allermeisten Fällen davon keinen Nutzen gehabt. Aber die Folgen der Verschuldung müssen vor allem sie tragen. Die gehen auf Kosten ihrer Gesundheit, Ernährung, Bildung, auf Kosten ihrer Lebenserwartung. »Es ist nicht erlaubt, eine Zahlung einzufordern oder zu beanspruchen, die zu politischen Maßnahmen zwingt, die ganze Völker in den Hunger und in die Verzweiflung treiben würden.« In diesen Fällen »müssen Lösungen gefunden werden, die mit dem Grundrecht der Völker auf Erhaltung und Fortschritt vereinbar sind« (Papst Johannes Paul II., Centesimus Annus 35).

Auch Länder außerhalb der Gruppe der hochverschuldeten armen Länder sind durch Schuldendienstzahlungen zum Teil sehr stark belastet. Sicher ist hier aufgrund der größeren Wirtschaftskraft die Schuldenfrage anders zu bewerten als etwa in Sambia oder Bolivien. In Brasilien zum Beispiel, wo zirka 40 Millionen Menschen unterhalb der Armutsgrenze leben, müssen 41% der Exporterlöse für den Schuldendienst aufgebracht werden. Das Land hat große interne Probleme (extreme Ungleichverteilung der Reichtümer, Mängel der staatlichen Verwaltungsorgane). Daher ist klar: Schuldenstreichungen alleine würden an der schlimmen Situation der Armen Brasiliens kaum etwas ändern. Dennoch ist zu fragen, ob neben sehr grundlegenden Änderungen im Land selbst nicht auch in der Entschuldung etwas geschehen muß, damit mehr Gerechtigkeit geschaffen werden kann. Zudem: bei vielen Ländern, die heute noch unter großen Opfern ihre Schulden bedienen, besteht keinesfalls Gewähr, daß die Exporterfolge auf Dauer die Belastung aus den schnell wachsenden Schuldenbergen auffangen. Faktoren, auf die die Länder keinen Einfluß haben (der Hurrikan Mitch), können plötzlich dazu führen, daß die Belastung über die kritische Grenze steigt.

Ich übersehe nicht, daß in den Entwicklungsländern zu oft die sogenannten Eliten auf Kosten der Armen leben, mehr an Rüstung denken als an Entwicklung, in Prestigeobjekte investieren und die Korruption ins Kraut schießen lassen, daß sie also ihren Teil zu verantworten haben an der Misere. Das darf aber kein Alibi sein, die Armen sitzen zu lassen. Es geht nicht darum, bankrotte Strukturen zu stützen, sondern arme Menschen. Zu oft werden aussichtsreiche Ansätze in unserer kirchlichen Entwicklungsarbeit durch die Folgen der Schuldenkrise zerstört.

II. Sozialethische Reflexion

Die ökonomische Globalisierung verlangt – darauf habe ich eingangs hingewiesen – eine Globalisierung der Verantwortung. Also sind nicht nur individualethische Maßstäbe in Erinnerung zu rufen (Tugenden), sondern sozialethische Grundsätze zu entwickeln (wie ja auch die Menschenrechte nicht nur individuelle Schutzrechte sind, sondern auch soziale, kulturelle und wirtschaftliche Rechte beinhalten).

Vorweg: ethischer Anspruch kann nicht den politischen und ökonomischen Sachverstand ersetzen. Doch wer sagt, was Sache ist? Wer definiert in der Entschuldungsfrage, was realistisch ist? Es ist unsachlich, die sogenannten handfesten Tatsachen absolut zu setzen. Es geht nicht nur um Sachen, es geht um Menschen, nicht nur um Objekte, sondern um Subjekte, um das Überleben der Armen. Die vielbeschworene Sachlichkeit muß im Dienst der Menschen stehen. Eine »Sachlichkeit«, die ohne den Menschen auszukommen meint, ist unsachlich und unrealistisch zugleich.

Aus dem universalen Charakter der Menschenrechte folgt die Pflicht, an den ökonomischen und sozialen Voraussetzungen ihrer Verwirklichung zu arbeiten. Wer für sich Rechte fordert und in Anspruch nimmt, weil er Mensch ist, der würde den Kern dieser Menschenrechte verraten, wenn er es einfach hinnähme, daß andere sie nicht in Anspruch nehmen können. Die Menschenrechte sind eine Art Schutzrechte für die Armen. Sie zu verwirklichen ist Ziel aller Entwicklung; es muß auch Ziel der Entschuldung sein.

Die bekannten Ethiken sprechen durchgängig von einer Beistandspflicht der Starken gegenüber den Schwachen. »Die christliche Option für die Armen,

Schwachen und Benachteiligten besteht ausdrücklich auf der Pflicht der Starken, sich der Rechte der Schwachen anzunehmen« (Wort der Kirchen zur wirtschaftlichen und sozialen Lage, 135). Solidarität heißt nichts anderes, als daß wir alle in einer Schicksalsgemeinschaft verknüpft sind, aus der sich niemand davonstehlen kann, aus der aber auch keiner ausgestoßen werden darf. Eine Weltgesellschaft der Starken, die die Schwachen ausgrenzt, nimmt einen wesentlichen Teil der Wirklichkeit nicht wahr. Es ist gerade nicht stark, allenfalls halbstark, wenn eine Hälfte der Wirklichkeit ausgeblendet wird.

In ethischer Hinsicht steht außer Frage, daß mit einem Schuldennachlaß nicht Anreize zu einem fahrlässigen Handeln geschaffen werden dürfen. Korrupte Eliten dürfen nicht die Profiteure sein, die frei werdenden Gelder müssen den Armen zugute kommen. Um das zu erreichen, gibt es inzwischen Ansätze zu geeigneten Handlungsmodellen. Darum sollte man nicht unter Verweis auf Probleme bei der Durchführung einen Schuldennachlaß ablehnen. Es gehört zur kreativen Pflicht derer, in deren Macht ein Schuldenerlaß liegt, Wege zu finden, die die Armen tatsächlich in den Genuß des Erlasses bringen.

Die wirtschaftsethischen Debatten der letzten Jahre haben deutlich gemacht, daß es bei sozialen Fragen vor allem darauf ankommt, die Rahmenbedingungen entsprechend zu gestalten. Sie sind die Kanäle, in die der Fluß des Handelns der einzelnen eingebettet ist. Darum sind Rahmenbedingungen zu schaffen, die

Konflikten vorbeugen, die den Schutz der Armen gewissermaßen strukturell berücksichtigen.

III. Handlungsperspektiven

Als in den achtziger Jahren die ersten größeren Aktionen für eine Entschuldung organisiert wurden, trafen sie noch auf die dezidierte Ablehnung von Politikern und Ökonomen. Schuldenerlaß komme aus grundsätzlichen Erwägungen nicht in Betracht. Schnell war man mit beiderseitigen Verteufelungen bei der Hand: hier die Technokraten – dort die Moralisten und Sozialromantiker. Alfred Herrhausen hat in dieser Situation eine Brücke geschlagen. Sein programmatischer Beitrag »Die Zeit ist reif – Schuldenkrise am Wendepunkt« kurz vor seiner Ermordung ist wie ein Vermächtnis.

Viele Verantwortliche aus Politik und Bankwesen haben sich der »Herausforderung Schuldenkrise« gestellt. Es sind in den neunziger Jahren Schritte getan. Ist die Wende vollzogen? Kaum! – Nicht zuletzt durch die Bürgerbewegung »Erlaßjahr 2000 – Entwicklung braucht Entschuldung« steht das Thema wieder auf der Tagesordnung internationaler Politik – und zwar nicht unter »Verschiedenes«, sondern an vorrangiger Stelle.

Im Juni 1999 ist auf dem Weltwirtschaftsgipfel mit der Kölner Schuldeninitiative ein neuer, sehr wichtiger Schritt zu einer Lösung des Schuldenproblems getan worden. Für hochverschuldete arme Länder wurden in Köln Schuldenerleichterungen zugesagt, die deutlich über das hinausgehen, was bisher möglich schien. Die Regierungschefs der G-7 haben erklärt, daß Schuldenerlaß und Armutsbekämpfung eng miteinander zu verknüpfen sind. Strukturanpassungsprogramme, die in der Vergangenheit viele negative Auswirkungen gerade für die Armen hatten, sind zu reformieren. Die Zivilgesellschaften sind an der Diskussion um Reformprogramme zu beteiligen. Bei der Jahrestagung 1999 von IWF und Weltbank in Washington wurden die Beschlüsse von Köln in einen konkreten Handlungsrahmen gebracht, der Schuldenerlasse und Armutsbekämpfung zusammenbringt. Mit diesen Beschlüssen verbinden sich auch Hoffnungen auf Konsequenzen in der Politik der internationalen Finanzinstitutionen.

Globale Verantwortung auf der Ebene der Rahmenbedingungen erfordert Vorsorgemechanismen, damit Verschuldungskrisen gar nicht erst das gegenwärtige Ausmaß annehmen. Deshalb fordert die Entschuldungsinitiative eine Neugestaltung internationaler Finanzbeziehungen im Sinne eines fairen Interessenausgleichs zwischen Schuldnern und Gläubigern. Die bisherigen Verfahren des Schuldenmanagements im Rahmen des Pariser Clubs und unter Beteiligung der internationalen Finanzinstitutionen haben strukturelle Defizite. Die Gläubiger sind Kläger und Richter zugleich. Sie können die Bedingungen des Schuldenerlasses einseitig verordnen. Die Verfahren sind insbesondere gegenüber der betroffenen Zivilgesellschaft in den Schuldnerländern nicht transparent. Schließlich fehlen in den internationalen Verfahren institutionell verankerte Schutzmechanismen; entsprechend dem Pfändungsschutz im nationalen Recht könnten sie den verschuldeten Staaten ausreichenden finanziellen Spielraum geben, um die soziale Grundversorgung und Investitionen in menschliche Entwicklung zu garantieren.

Die Deutsche Kommission Justitia et Pax hat in ihrer Stellungnahme vor dem Weltwirtschaftsgipfel in Köln dargelegt, daß eine Insolvenzlösung auch aus ökonomischer Perspektive notwendig ist. Das Hinauszögern einer wirklichen Lösung läßt die Schulden in den Büchern der Gläubiger immer weiter ansteigen. Die Streichung der nicht rückzahlbaren Schulden wird so für Gläubiger und Schuldner immer teurer. Dringend notwendig wäre deshalb ein faires und transparentes internationales Insolvenzverfahren.

Es ginge darum, das nationale Konkursrecht (mutatis mutandis) auf die internationale Ebene zu übertragen. In vielen Ländern gibt es ein solches Recht, auch bei uns. Jemandem, der bankrott ist, darf nicht die Grundlage für eine menschenwürdige Existenz entzogen werden. Warum soll zwischen Gläubiger- und Schuldnerstaaten nicht gelten, was in den einzelnen Staaten recht und billig ist? In Deutschland gibt es für Unternehmen ein Konkursrecht und seit 1999 ein Insolvenzrecht für Privatpersonen. In den USA ist ein vergleichbares Verfahren für Insolvenzfälle von Gebietskörperschaften festgelegt (Kapitel 9 des US-Code of Insolvency). Diese Regelungen helfen, unlösbare Verschuldungssituationen zu beenden. Sie bewahren Schuldner davor, durch Überschuldung in ihrer Existenz bedroht zu werden. Vergleichbare Regelungen sollten auch international möglich sein. Ein internationales Insolvenzverfahren würde nicht nur helfen, entstandene Überschuldungssituationen im Sinne eines faireren Interessensausgleichs zu lösen. Das Risiko eines Insolvenzverfahrens würde auch eine verantwortlichere Kreditpolitik auf seiten der Gläubiger bewirken, also einen Anreiz geben für eine neue Kreditkultur. Damit würde Überschuldungskrisen vorgebeugt.

Es gibt verschiedene Modelle, wie ein internationales Insolvenzverfahren konkret durchgeführt werden könnte, wer beteiligt werden muß und wie die Entscheidungsstrukturen aussehen könnten. Experten versichern, daß es dazu keiner aufwendigen internationalen Bürokratien bedarf. Wichtig ist in jedem Fall das Anhörungsrecht der Betroffenen, also eine Beteiligung der Zivilgesellschaft, die Transparenz und Partizipation im Verfahren sicherstellt.

Was sich auf den ersten Blick ausnimmt wie ein am grünen Tisch entworfenes Idealkonzept, ist in der Realität gegründet: Es basiert auf den praktischen Erfahrungen des US Insolvenzrechts. Der politische Prozeß ist in dieser Frage angestoßen. Es gab im Frühjahr einen deutschen Parlamentsbeschluß, der besagt, daß die Reform des internationalen Schuldenmanagements im Sinne dieses Konzeptes geprüft werden soll. Die Ministerin Heidemarie Wieczorek-Zeul hat zugesagt, daß das BMZ sich damit genauer befassen will. Ich würde mich sehr freuen, wenn die Idee auch in Wirtschafts- und Finanzkreisen offene Ohren fände.

*

Am 27. Februar 1953 wurden die Londoner Schuldenabkommen geschlossen. Dem hochverschuldeten Westdeutschland, das unter den Folgen des Zweiten Weltkriegs litt, wurden über 50% seiner Vor- und Nachkriegsschulden bei ausländischen Staaten, Banken und Privatanlegern erlassen. Das waren rund 14,6 Milliarden DM. Auf Zins und Zinseszins wurde zum Teil verzichtet. Der Rest wurde so umgeschuldet, daß die Rückzahlungen im Ergebnis unter der Marke von 5% der deutschen Exporteinnahmen blieben. Damit wurde Deutschland die Möglichkeit zu einer wirtschaftlichen Entwicklung eröffnet, die ohne dieses Schuldenabkommen nie möglich gewesen wäre. Das »Wirtschaftswunder« hätte es ohne diese strukturelle Wegbereitung nicht gegeben. Westdeutschland konnte seine neue Währung stabilisieren, ausländische Firmen faßten Vertrauen zu Investitionen in den Wiederaufbau. Die Bundesrepublik konnte die Restschuld sogar vor der Zeit zurückzahlen. Das ist ein historisches Beispiel, wie ein fairer Entschuldungsprozeß die produktive Entwicklung eines Schuldnerlandes nicht behindert hat. Er hat Kräfte freigesetzt.

Gerade für uns Deutsche sollte es eine besondere Verpflichtung sein, den armen Ländern der Welt eine vergleichbare Befreiung von strukturellen Blockaden ihrer Entwicklung zu ermöglichen. »Die Zeit ist reif – Schuldenkrise am Wendepunkt« so Alfred Herrhausen 1989. Heute ist die Zeit überreif. In der Tat: Die Arbeit an Lösungen der Schuldenkrise steht am Wendepunkt. Alfred Herrhausen ehrt, wer die Wende wagt.

Hans Tietmeyer

Krisenprävention und Krisenmanagement – wie kann das internationale Finanzsystem effizienter gestaltet werden?

I.

»Die Weltwirtschaft ... wird auch im nächsten Jahr aufwärts gerichtet sein ... Die Inflation ist zwar kein non-problem mehr, hat sich aber, anders als befürchtet, nicht zu einer drängenden Sorge entwickelt. Die Arbeitslosigkeit ist (vor allem) in Westeuropa auf hohem Niveau ...

Also alles eitel Wonne und keine Probleme? Eine solche Betrachtung bliebe an der Oberfläche. Wir sollten die Ruhe bei den Routinefragen der weltwirtschaftlichen Lage nicht falsch auslegen. Probleme gibt es nach wie vor genug.«

Mit diesen Worten leitete Alfred Herrhausen am 25. September 1989 seine letzte große Pressekonferenz in Washington, D. C., anläßlich der damaligen Jahrestagung der Bretton-Woods-Institutionen ein. Diese im Grundton durchaus positive, jedoch zugleich kritische Bewertung gilt im Grunde auch heute noch – zehn Jahre danach.

In der Zwischenzeit ist jedoch viel passiert. Die

damals noch zweigeteilte Welt ist jedenfalls für die Finanzmärkte nahezu grenzenlos geworden. Das Finanzgeschehen wurde weiter liberalisiert, technisiert, professionalisiert und teilweise auch hybrider. Zwischenzeitlich sind auch manche der zuvor monetär übermäßig alimentierten Bubbles bei Asset-Preisen geborsten – vor allem in Japan mit bis heute nachwirkenden Folgen.

Zugleich sind die Ungleichgewichte zwischen den großen Industrieländern in der Außenbilanz, beim Wachstum und bei der Beschäftigung eher noch größer geworden. Zwar hat die monetäre Integration in *Europa* 1999 eine neue Qualität erhalten; aber viele sowohl die Innovationskraft als auch die Beschäftigung behindernde Strukturprobleme und fiskalische Überforderungen sind insbesondere auf dem Kontinent sogar noch gewachsen. Und in *Japan* belasten noch immer viele ungelöste Struktur- und Vertrauensprobleme die künftigen Perspektiven. Dagegen haben sich in den *USA* und teilweise auch in den anderen angelsächsischen Ländern insbesondere die Reformen der achtziger Jahre in einer neuen und anhaltenden Wachstumsdynamik ausgezahlt.

Zugleich aber hat es in den vergangenen zehn Jahren zeitweise gefährliche kritische *Zuspitzungen* an den Finanzmärkten, insbesondere in einer Reihe von Schwellen- und Transformationsländern, gegeben. Die zweite Mexiko-Krise, die Krisenentwicklung in einer Reihe von Ländern Südostasiens und auch die Zuspitzung nach der überraschenden Zahlungseinstellung in

Rußland im vergangenen Jahr haben das System insgesamt vor große Herausforderungen gestellt. Vor allem im Frühherbst 1998 kam es nach der LTCM-Krise zu einer abrupten Änderung des Risikoverhaltens vieler Investoren mit gefährlichen Ansteckungseffekten weltweit. Das negative Stimmungsbild hat auch die Jahrestagung von IWF und Weltbank in Washington 1998 in einem bis dahin ungekannten Maße beherrscht.

Inzwischen ist die damalige Doomsday-Einschätzung wieder einer *nüchternen Risikobeurteilung* gewichen. Viele Probleme in den betroffenen Krisenländern sind zumindest erkannt und teilweise auch politisch adressiert worden. Überdies haben sich die Wachstumsperspektiven in großen Teilen der Weltwirtschaft inzwischen wieder verbessert, und zwar bisher erfreulicherweise weitgehend ohne neue und akute Inflationsgefahren.

Also: wieder alles eitel Sonnenschein?

Davon kann leider noch keine Rede sein. Denn unter der Oberfläche – wie Alfred Herrhausen das damals nannte – gibt es nach wie vor viele Probleme, ja – bei Licht besehen – wohl noch deutlich mehr als damals.

Für Alfred Herrhausen war damals ein zentrales Thema insbesondere die *Schuldenproblematik* vieler Länder, für die er eine ambitiöse Gesamtlösung vorschlug. In der sogenannten Brady-Initiative wurde zumindest einiges davon damals aufgegriffen. In diesem Jahr ist auf diesem Gebiet – wenn auch mit erheblicher Verspätung und sicher weniger weitreichend –

einiges Zusätzliche auf den Weg gebracht worden. Gelöst ist dieses weitreichende und schwierige Thema damit allerdings sicher nicht. Und es kann wohl auch kaum ein für allemal gelöst werden.

Die sogenannte Kölner Schuldeninitiative kann jedenfalls wohl nur ein Schritt sein. Wichtiger als das Drängen auf weitere Schritte ist jedoch die Klärung der Weichenstellung. Forderungen allgemeiner Art zu stellen ist leicht. Notwendig sind jedoch vor allem Konkretisierungen zu den genauen Bedingungen und Finanzierungen, so wie Alfred Herrhausen das damals getan hat. Gerade hier aber gibt es noch manchen Klärungsbedarf.

Die letzten zehn Jahre haben aber auch deutlich gemacht: So wichtig eine überzeugende Lösung der jahrzehntelang aufgelaufenen Schuldenprobleme der ärmsten Länder ist, noch wichtiger für die Zukunft des gesamten Finanz- und Währungssystems sind zweifellos eine effizientere *Krisenprävention* sowie ein besseres *Krisenmanagement,* wobei die richtige Bewältigung der jeweils aktuellen Krise zugleich von großer Bedeutung für die Vermeidung oder Begrenzung künftiger Krisen ist.

II.

Als sich im vergangenen Jahr weltweit die Krisenstimmung ausbreitete und weiter zu eskalieren drohte, da wurde vor allem in weiten Bereichen der Politik rasch der Ruf nach einer *neuen Architektur* des weltweiten Finanzsystems sowie der internationalen Finanzinstitutionen laut. Zwar war oft unklar, was denn nun genau unter dieser Überschrift gefordert wurde. Und dort, wo die Forderungen konkret wurden, widersprachen sie einander auch sehr häufig.

Inzwischen hat dieser ambitiöse Ruf jedoch wieder nachgelassen. Heute, nachdem die akuten Krisengefahren – jedenfalls auf den ersten Blick – wieder geringer geworden sind, spricht man meist nur noch von einer notwendigen Verbesserung der Architektur oder gar nur noch von einer Verbesserung der Funktionsfähigkeit des Systems sowie der Institutionen.

Ich halte diese Ernüchterung nicht nur für angemessen; sie dient vor allem auch der Sache. Die Forderung nach einem neuen Grand Design oder einer umfassenden Neuordnung des Systems mag zwar für politische und akademische Diskussionen ein attraktiver Gegenstand sein; konkrete Fortschritte sind mit solchen Entwürfen in der Welt der Realitäten des internationalen Miteinanders erfahrungsgemäß jedoch in überschaubarer Zeit kaum zu erreichen.

Da die Zeit aber drängt – denn niemand kann neue Krisen für die Zukunft ausschließen –, sind *konkrete* Fortschritte mit dem Ziel einer verbesserten Krisenprävention wichtiger und dringlicher als abstrakte Diskussionen über neue großartige Institutionen und Konzeptionen. Das gilt ebenso für Verbesserungen beim Management entstandener Krisen.

Konkrete Fortschritte sind jedenfalls kurzfristig

wichtiger und nützlicher als langanhaltende politische Grundsatzdiskussionen, so wichtig diese für die weitere Grundorientierung der Politik im Umfeld der weiter anstehenden Globalisierung auch sind.

III.

Es ist ja unverkennbar: Die Häufigkeit von Finanzkrisen hat mit der wachsenden Globalisierung der Finanzmärkte zugenommen. Und insbesondere im Verlauf des letzten Jahrzehnts hat sich das *Krisenpotential* im internationalen Finanz- und Währungssystem offenbar erweitert und vor allem auch verändert.

Ausgangspunkt für das Entstehen von Krisenpotential ist zwar immer noch meist eine übermäßige Verschuldung der betroffenen Länder – sei es nun des privaten oder öffentlichen Sektors oder beider zusammen. Das konkrete Auslösen von Krisen und ihre Verbreitung können jedoch sehr unterschiedlich sein. Unrealistisch gewordene – oder zumindest als solches empfundene – Wechselkurse spielen dabei jedoch erfahrungsgemäß fast immer eine problematische Rolle.

In der Wissenschaft spricht man mittlerweile oft von drei Generationen von *Krisenmodellen,* wie sie sich in der Vergangenheit gezeigt haben: von den primär fundamentalökonomisch beeinflußten über die erwartungstheoretisch stimulierten bis hin zu den stärker mikroökonomisch basierten Krisen, wobei sich im konkreten Krisenfall die einzelnen Krisenelemente natürlich kumulieren oder auch überlappen können.

- Während bei den sogenannten Krisen der *ersten* Generation meist die Verschlechterung makroökonomischer Fundamentaldaten bei festen Wechselkursen die Ursachen waren,
- spielten bei den Währungskrisen der *zweiten* Generation vor allem sich selbst erfüllende Erwartungen und Probleme der Glaubwürdigkeit der monetären und sonstigen Politik eine zentrale Rolle. Glaubwürdigkeitsdefizite ließen die Märkte an der Aufrechterhaltung des Festkurssystems in den betreffenden Ländern zweifeln und lösten so Krisen (verstärkt durch das zunehmende Herdenverhalten vieler Anleger) aus.
- Bei den Währungskrisen der *dritten* Generation – hierzu werden vor allem die Krisen in Südostasien in den letzten Jahren gezählt – rücken dagegen vor allem mikroökonomische Verwerfungen bei übermäßiger und zu risikoreicher Kreditaufnahme im Ausland ins Blickfeld, wobei insbesondere die Unzulänglichkeiten im Finanzsystem der betroffenen Krisenländer eine große Rolle spielten.

Insbesondere die Krisen der letzten Jahre in Südostasien und auch in Lateinamerika, aber ebenso in einigen der sogenannten Transformationsländer haben gezeigt, daß die vom Internationalen Währungsfonds schon seit langem betriebene Surveillance der makroökonomischen Entwicklung sowie der Angemessenheit der Wechselkurspolitik – so zentral beide Punkte auch sind – allein für eine effiziente Krisenprävention nicht mehr ausreicht. Unerläßlich für dauerhaft funktionsfähige Finanzmärkte ist ebenso, daß von allen größeren Playern sowohl auf der Schuldner- als auch der Gläubigerseite wenigstens ein Minimum an gemeinsamen Mindeststandards eingehalten wird. Das ist vor allem auch für die Vermeidung systembedrohender Ansteckungsgefahren wichtig.

IV.

Schon bisher gab und gibt es eine Reihe von internationalen Organisationen, die gemeinsam für die bestehenden Regelungen zur Aufsicht und Überwachung des internationalen Finanzsystems verantwortlich sind.

Da sind einerseits insbesondere der Internationale Währungsfonds, der vor allem für die Überwachung der internen Wirtschaftspolitik aller Mitgliedsstaaten sowie die Beobachtung der Weltwirtschaft zuständig ist, und andererseits die Weltbank, welche die Länder bei der Entwicklung und Stärkung ihrer internen Finanzsysteme unterstützt. Daneben bemühen sich – vor allem in Basel, aber nicht nur dort – schon seit längerem verschiedene sektorspezifische internationale Gruppierungen von Regulierungs- und Aufsichtsinstanzen für Banken, Wertpapiere und Börsen sowie für Versicherungen, sogenannte Mindeststandards und gemeinsame Regeln für die Aufsicht aufzustellen.

Zudem existieren spezielle Gremien von Zentralbankexperten, die sich mit der Sicherheit und der Funktionsfähigkeit des Zahlungsverkehrssystems bzw. der kritischen Beobachtung der Funktionsweise der internationalen Märkte befassen.

All diese Institutionen und Gremien sind schon seit längerem bemüht, zusätzlich zu den bisherigen Überwachungs- und Förderungsaktivitäten von IWF und Weltbank auch Standards für den Privatsektor zu entwickeln und so die finanzielle Solidität und das Risikobewußtsein im gesamten Finanzsystem anzuheben.

Ihr Ansatz war jedoch lange Zeit primär sektor- und naturgemäß aufgabenspezifisch. Die zunehmenden Veränderungen an den Märkten haben aber inzwischen die Grenzen eines solchen Ansatzes deutlich gemacht und tun das ständig mehr.

Defizite sind in den letzten Jahren insbesondere in dreierlei Hinsicht deutlich geworden:

– Eine getrennte Behandlung mikro- und makroprudentieller Fragestellungen wird den veränderten Risiken und ihren Mischungen nicht mehr gerecht.

  Das bisherige Nebeneinander der verschiedenen internationalen Institutionen und Gremien sowie der nationalen Aufsichtsbehörden entspricht nicht mehr den weitgehend integrierten Märkten.

- Und die Begrenzung der Kooperation auf die großen Industrieländer ohne Einbeziehung der Schwellenländer reicht nicht mehr aus.

Deswegen sind eine *verstärkte Kooperation* der bereits bestehenden Institutionen und Gremien untereinander sowie die Einbeziehung auch von nationalen Behörden der Schwellenländer unerläßlich, wenn es um die Erhaltung der nachhaltigen Funktionsfähigkeit geht.

Genau das muß aber das Ziel sein. Denn die nachhaltige Funktionsfähigkeit der Märkte ist die beste Krisenprävention, während administrative Eingriffe und Kontrollen erfahrungsgemäß weniger wirksam sind, hingegen allzuoft problematische Verzerrungen hervorrufen.

Diese verstärkte Kooperation zwischen den internationalen Institutionen und Gremien sowie den nationalen Aufsichtsbehörden muß sich nach meinem Urteil vor allem auf folgende *drei* Aktionsbereiche konzentrieren:

1. Verstärkte Bemühungen, um entstehende Schwachstellen nationaler und internationaler Finanzsysteme leichter erkennen zu können. Dafür sind gemeinsame Verfahren erforderlich, um systemische Risikoquellen besser und frühzeitiger zu erkennen und sie durch die Entwicklung wirksamer Finanz-, Regulierungs- und Aufsichtsstrategien zu verringern.

2. Effektivere Verfahren, um sicherzustellen, daß angemessene internationale Regeln und Mindeststandards entwickelt und implementiert sowie Lücken in solchen Standards rasch erkannt und effizient geschlossen werden. Dabei geht es nicht nur um Aufsichtsregeln, sondern auch um Orientierungsmaßstäbe für eine verbesserte Transparenz der statistischen Daten.
3. Verbesserte Regelungen, um sicherzustellen, daß übereinstimmende internationale Bestimmungen und Regelungen für alle Arten bedeutender Finanzinstitutionen gleichermaßen gelten und daß es Verfahren für den kontinuierlichen Informationsaustausch zwischen den für die Finanzmarktstabilität zuständigen Behörden gibt.

Natürlich hat es in den verschiedenen internationalen Organisationen und Gremien auch bisher schon partikulare Ansätze zur Kooperation und zur Bewältigung dieser Defizite gegeben. Dennoch gab es in der Vergangenheit vielfach ein Nebeneinander, bei dem jede Institution ihre eigene Lösung suchte, statt gemeinsam den jeweiligen Informationsstand auszutauschen und gemeinsam nach Lösungen zu suchen.

Dies war der Grund dafür, daß ich im Frühjahr 1999 einen Vorschlag für ein sogenanntes *Forum für Finanzmarktstabilität* gemacht habe, das inzwischen ja auch seine Arbeit aufgenommen hat.

Dieses Forum, das quasi ein regelmäßiger »Runder Tisch« für die zuständigen internationalen Organisationen sowie für die für Aufsichtsfragen in den großen Industrie- und Schwellenländern Verantwortliche ist, hat inzwischen vor allem drei Themenkomplexe aufgegriffen, die eine besondere Aktualität haben:

- Die Aktivitäten der sogenannten »highly leveraged institutions« (HIL),
- die Einbeziehung der sogenannten »off shore«-Finanzzentren und
- die systematischere Beobachtung und Analyse der Kapitalströme und ihres Laufzeitenprofils.

Darüber hinaus soll auch die Problematik der immer häufiger zu hörenden These von »too-big-to-fail« und den davon möglicherweise ausgehenden Systemgefahren nachgegangen werden. Und es soll bald eine möglichst übersichtliche Zusammenstellung aller bisher schon vorhandenen Mindeststandards und Kodices erstellt werden.

Das Forum, das regelmäßig unter Vorsitz des Managing Director der BIZ, Andrew Crockett, tagt, hat die Absicht, schon zu Beginn des Jahres 2000 zu den genannten Themen erste Vorschläge zu präsentieren.

Persönlich würde ich es begrüßen, wenn es zwischen dem im Stabilitätsforum vertretenen öffentlichen Sektor und Vertretern des Privatsektors einen regelmäßigen Informationsaustausch und Dialog geben würde. Jedenfalls war und ist dies mein Vorschlag.

Ob dafür ein zusätzliches, erweitertes Gremium in Form eines »Round Table on Global Finance« notwendig ist, wie es von Rolf-E. Breuer im Herbst 1999 in Washington vorgeschlagen wurde, ist eine andere Frage. Meines Erachtens könnten auch gelegentliche Einladungen des Stabilitätsforums zu Gesprächsrunden mit Vertretern des Privatsektors genügen.

Wichtiger als die Organisationsfrage ist jedoch die Wahl der richtigen Themen. Neben der Entwicklung von realistischen Mindeststandards für Aufsicht und Transparenz geht es dabei natürlich auch um die Frage, wie Ansteckungsgefahren reduziert werden können und was der private Sektor dazu beitragen kann.

Ich gestehe, daß ich der neugeschaffenen Contingent-Credit-Line des IWF noch immer mit einer gewissen Skepsis gegenüberstehe. Jedenfalls hängt viel davon ab, ob sie restriktiv genug eingesetzt wird. Sonst könnte es leicht zu »moral-hazard«-Effekten kommen.

Und natürlich stellt sich hier die Frage, wie der Privatsektor sich verhält. Wenn er zu einer solchen Mitwirkung nicht bereit ist, dann sollte jedenfalls auch die öffentliche Seite vorsichtig sein.

Natürlich gibt es noch viele Spezialfragen in diesem Zusammenhang, von Eventual-Kreditlinien über Optionsklauseln für Schuldner bis hin zur koordinierten Aufrechterhaltung von Handels- und Kreditlinien sowie die Vorsorge für die Einbeziehung von Anleihegläubigern – ein Punkt, auf den ich noch im Zusammenhang mit dem Krisenmanagement zurückkommen werde.

Über all diese Themen ist zumindest ein Informationsaustausch zwischen privatem und öffentlichem Sektor notwendig, wenngleich die unterschiedlichen Verantwortungsbereiche dabei natürlich sorgfältig beachtet werden müssen.

Beide Seiten sollten sich zwar wechselseitig informieren, ihre Verantwortlichkeiten jedoch nicht vertuschen. Das Ziel der staatlichen Aufsicht muß es sein, die Märkte dauerhaft funktionsfähig zu machen und zu halten.

Das ist jedenfalls die Orientierung für das neugeschaffene Stabilitätsforum.

Gerade wir in den Industrieländern müssen erkennen, daß das Funktionieren des weltweiten Finanzsystems letztlich auch davon abhängt, ob wir gefährliche Schwachstellen rechtzeitig erkennen und ihnen vor allem rechtzeitig mit geeigneten Mitteln entgegenwirken. Denn die Funktionsfähigkeit der weltweiten Finanzmärkte kann niemand ersetzen.

Ein weltweites Ordnungssystem mit einer zentralen weltweiten Aufsichtsbehörde, wie sie gelegentlich gefordert wird, wird es nach meiner Einschätzung auf lange Zeit nicht geben. Unter den derzeit absehbaren Bedingungen habe ich auch erhebliche Zweifel, ob eine solche Lösung überhaupt wünschenswert wäre. Einerseits ist die tatsächliche Lage zu heterogen; andererseits ist die Gefahr bei einer weltweiten Superbehörde groß, daß an der Stelle von Effizienz leicht politischer Prestigestreit entsteht.

Wichtiger als die Suche nach vermeintlichen Patentlösungen sind meines Erachtens auf absehbare Zeit pragmatische Fortschritte. Entscheidendes Ziel aller Bemühungen zur Krisenvermeidung muß die dauerhafte Funktionsfähigkeit der Märkte sein.

Dagegen führen Ansätze, die auf verstärkte Kapitalverkehrskontrollen oder -regulierungen setzen, meist in die Irre. Das gilt auch für die vielzitierte Tobin-Steuer. Denn wie soll zwischen guten und problematischen Kapitalbewegungen unterschieden werden? All diese Ansätze sind auch in der heutigen Welt der elektronischen Vernetzung weitgehend unrealistisch. Würde man sie dennoch versuchen, so wären Verzerrungen die unausweichliche Folge. Hinzu kommt, daß schon der Versuch einer Entliberalisierung des bisherigen Freiverkehrs leicht einen gefährlichen und lang anhaltenden Imageschaden bewirken kann, der bekanntlich meist für die Zukunft zu erheblichen Risikozuschlägen führt.

Diese negativen Effekte einer Entliberalisierung müssen allerdings nicht bedeuten, daß sie in gleicher Weise auch für ein vorsichtiges Vorgehen bei der Liberalisierung selbst gelten. Es gibt durchaus gute Gründe dafür, die Liberalisierung insbesondere des kurzfristigen Kapitalverkehrs auch im Zusammenhang mit dem Status der internen finanziellen Infrastruktur des Landes zu sehen. Jedenfalls halte ich die chilenische Praxis der Beeinflussung der Maturitäten des Kapitalverkehrs durchaus in besonderen Fällen für sinnvoll.

Hinzu muß natürlich immer auch ein angemessenes Wechselkurssystem kommen. Ich gehe zwar nicht so weit wie viele amerikanische Ökonomen, die nur noch für das Entweder-Oder einer vollen Flexibilität oder einer absoluten Fixierung (z. B. durch ein »currency-board«-System) plädieren. Meines Erachtens gibt es durchaus auch sinnvolle Zwischenlösungen. Entscheidend ist aber in jedem Fall: Verzögerungen bei notwendigen Wechselkursanpassungen sind in jedem Fall gefährlich. Deswegen sollte der Wechselkurs auf keinen Fall als ein Thema des politischen Prestiges eines Landes gesehen werden.

Und was die großen Länder und insbesondere die großen Blöcke angeht, so spricht für diese zweifellos mehr für flexible Wechselkurse im Außenverhältnis als etwaige Versuche in Richtung »Target zones« oder ähnliches. Denn im Zweifelsfall werden die großen Blöcke ihre interne Politik nicht dem Wechselkurs unterordnen. Das jedenfalls lehrt die Erfahrung. Und nichts ist gefährlicher als Scheinlösungen, weil diese selbst zum Auslöser von Spekulationen an den Märkten werden können.

V.

Und wenn es trotz aller Prävention für einzelne Länder eines Tages doch wieder zu Krisen kommt – nach aller Erfahrung müssen wir auch davon ausgehen –, dann kommt es vor allem darauf an, daß bei etwaigen Hilfsmaßnahmen nur solche Strategien zur Krisenbewältigung angewandt werden, die nicht zu »moral hazard«-Problemen für die Märkte führen.

Ich habe bereits darauf hingewiesen: Lösungen sind auf Dauer nicht gegen die Märkte, sondern immer nur mit den Märkten möglich. Keine staatliche Regulierung oder Hilfe – weder national noch international – kann das Funktionieren der Märkte ersetzen. Dessen sollten sich alle – auch im Krisenfall – bewußt sein.

Deshalb ist auch die Vermeidung von »moral hazard«-Problemen beim Krisenmanagement so zentral. Sie entstehen insbesondere dann, wenn die Balance zwischen den Gewinn- und Verlustrisiken auf der Schuldner- oder der Gläubigerseite gefährdet wird.

Dies kann auf der Schuldnerseite – schon im Vorfeld, aber auch im Krisenfall selbst – zum Beispiel durch übermäßige formelle Staatsgarantien oder aber De-facto-Staatsgarantien entstehen. Der Gläubiger wird dann nicht mehr im gleichen Maße wie bei einem nur auf sich selbst gestellten Investor auf die Prüfung der Rentabilität achten. Dementsprechend sind dann auch die »risk spreads« für diese Länder oft zu niedrig.

Dies gilt aber natürlich ebenso, wenn etwa durch die Aktivitäten des Internationalen Währungsfonds oder anderer internationaler Organisationen übermäßige »bail-out«-Erwartungen für künftige Fälle entstehen. Dann ist es nur zu selbstverständlich, daß ein Gläubiger wegen des geringer eingeschätzten Verlustrisikos eher bereit ist, Kredit zu günstigen Finanzierungskonditionen zu gewähren. Und die »risk spreads« reflektieren dann nicht mehr die wahre Risikolage.

Das ist einer der Gründe dafür, weswegen ich in der Vergangenheit bisweilen die aus meiner Sicht zu großzügigen Krisenhilfen des IWF kritisiert habe. Auch wenn es im Einzelfall schwer nachweisbar ist, spricht doch einiges dafür, daß manches, was an Finanzierung in speziellen Krisenfällen gewährt worden ist, dazu beigetragen hat, die Gewinn- und Verlustbalance in den Überlegungen der Finanzmarktakteure für die folgenden Aktivitäten gestört hat.

Gerade deswegen halte ich es für so wichtig, daß der IWF seine Aktivitäten zur Krisenprävention vor allem auf die sogenannte Surveillance-Rolle konzentriert und sich bei der Krisenbewältigung auf die Katalysatorrolle beschränkt. Konkret heißt das: Der Internationale Währungsfonds muß seine Finanzierungshilfen nicht nur an strenge Auflagen für das Empfängerland binden, und zwar Auflagen, die auf eine nachhaltige Überwindung der tatsächlichen Schwächen zielen. Er sollte prinzipiell auch die Privatinvestoren in die Krisenbewältigung einbeziehen. Denn bei der Krisenbewältigung geht es immer auch um ihre aktuellen und künftigen Interessen.

Damit spreche ich natürlich einen Punkt an, den nicht alle hier im Auditorium gern hören. Ich möchte hier jedoch Bezug nehmen auf einen vor einiger Zeit in den USA erschienenen Bericht einer unabhängigen Arbeitsgruppe, die sich mit den Grundsatzfragen der künftigen internationalen Finanzarchitektur befaßt und dafür Vorschläge entwickelt hat. Dieser Arbeitsgruppe (unter dem Vorsitz von Carla A. Hills und Peter G. Peterson sowie mit dem Projektdirektor Morris Goldstein) haben eine Reihe von herausragenden amerikanischen Ökonomen und Bankern angehört wie zum Beispiel Martin Feldstein, Barry Eichengreen, Bill Rhodes und Paul Volker.

Eines der zentralen Prinzipien dieser Vorschläge konzentriert sich auf ein »faires ›burden sharing‹ zwischen den privaten Gläubigern, den offiziellen Schuldnern und den offiziellen Gläubigern im Krisenfalle«. Und konkret lautet dann die Empfehlung: »To encourage more orderly and timely rescheduling of private debt where it is needed, all countries should include ›collective action clauses‹ in their sovereign bond contracts.«

Die teilweise abweichenden Meinungen aus der Bankenwelt gerade zu diesem Punkt sind mir natürlich bekannt. Und Bill Rhodes hat zu diesem Punkt auch ein etwas differenzierendes Votum abgegeben.

Dennoch meine ich, daß mehr für als gegen solche Klauseln spricht. Denn wir dürfen einfach nicht übersehen, daß neben den Bankkrediten Anleihefinanzierungen heute eine zunehmende Rolle spielen. Und im Falle einer notwendigen Umschuldung sollte die Möglichkeit einer Einbeziehung der Anleihegläubiger gegeben sein.

Natürlich bin ich mir bewußt, daß die freiwillige

Einführung solcher Klauseln am günstigsten ist. Deswegen wäre es auch günstig, wenn die großen Industrieländer hier mit gutem Beispiel bei ihren eigenen Anleiheemissionen vorangehen würden.

Das Argument, daß die Einfügung solcher Klauseln zu einer Erhöhung des Risikozuschlags führen könnte, halte ich dagegen nicht für ein durchschlagendes Gegenargument. Wenn die Gläubiger tatsächlich ein Risiko sehen, dann sollte es auch in einem angemessenen Risikozuschlag zum Ausdruck kommen. Auch das gehört zur Vermeidung von »moral hazard«-Effekten. Und wir sollten nicht übersehen: Meist waren vor Ausbruch einzelner Krisen die Risikozuschläge übermäßig stark zurückgegangen.

VI.

Alfred Herrhausen hat sich in vielen seiner öffentlichen Reden immer wieder zu der zentralen Funktion der Märkte positiv geäußert. Und er ist mit Nachdruck stets für die weltweite Offenheit der Finanzmärkte eingetreten.

Ich bin überzeugt, daß er heute zum Thema Krisenprävention und Krisenbewältigung weitgehend ähnliche Positionen vertreten würde, wie ich sie heute dargelegt habe. Denn bei aller Bereitschaft und Fähigkeit zur Vision hat er doch die Welt der Realitäten und der realistischen Fortschritte nicht unterschätzt.

In dem Manuskript für die Arthur Burns Memorial

Lecture, die er am 4. Dezember 1989 in New York unter dem Titel »Um Freiheit und Offenheit« halten wollte, heißt es unter anderem:

> »... das westliche Wirtschaftssystem selbst (ist) keineswegs für alle Zukunft gesichert. Wir beobachten immer wieder Tendenzen, interventionistischen Maßnahmen das Wort zu reden, eine nivellierende Politik zu betreiben, die Leistung und Initiative bestraft, und den Staat zu ermächtigen, sich in den Privatbereich einzumischen. In den achtziger Jahren haben Maßnahmen der Angebotspolitik wie Privatisierung, Deregulierung und Liberalisierung, verbunden mit Steuersenkungen und Preisstabilität, die westlichen Volkswirtschaften erneuert.
>
> Doch sollten wir uns dessen bewußt sein, daß dies eine nie endende Aufgabe ist.«

Wir sollten dieses Vermächtnis von Alfred Herrhausen nicht vergessen.

Axel van Trotsenburg

Die HIPC-Initiative für die armen Länder

ICH BIN DER DEUTSCHEN BANK für ihre Rolle als Veranstalterin dieser Konferenz aus Anlaß des Todestages Alfred Herrhausens sehr dankbar. Ganz besonders erfreut bin ich über den hohen Stellenwert, den man der Verschuldungsproblematik der armen Länder eingeräumt hat. Die Entwicklung dieser Länder hängt immer noch entscheidend von der Frage der Schuldenreduktion ab. In diesem Kontext erweist es sich als sehr nützlich, die von Alfred Herrhausen entwickelten Ideen zum Thema Schuldenerlaß in Erinnerung zu rufen. Viele seiner Vorschläge haben heute noch Gültigkeit und zeigen uns, was noch zu tun ist.

Die Interaktion zwischen wirtschaftlichen, politischen und ethischen Dimensionen der Schuldenproblematik ist bereits ausführlich von den Vorrednern gewürdigt worden. Die HIPC-Initiative ist ein lebendes Beispiel dieser höchst komplexen Dimensionen! In meinen Ausführungen möchte ich auf drei Themenkreise eingehen, die die HIPC-Initiative und den Lösungsansatz der Weltbank zur Schuldenproblematik der armen Länder verdeutlichen werden.

- Erstens möchte ich kurz auf unsere Erfahrungen als globaler Partner in vergangenen Schuldenkrisen eingehen.
- Zweitens möchte ich den Verlauf von Schuldenkrisen in Ländern mit mittlerem Einkommen einerseits und Ländern mit niedrigem Einkommen andererseits miteinander vergleichen, um zu verdeutlichen, warum ein neuer Weg notwendig war.
- Und schließlich möchte ich darüber berichten, wie die Erfahrungen mit der HIPC-Initiative die allgemeine Sichtweise nicht nur gegenüber den Schuldenerleichterungen für arme Länder, sondern auch zu weiterreichenden Entwicklungsfragen verändert haben.

I. Die Rolle der Weltbank in vergangenen Schuldenkrisen

In den letzten zwei Jahrzehnten hat die Weltbank entscheidend zu den internationalen Initiativen für die Bewältigung regionaler Schulden- und Finanzkrisen beigetragen. Dabei hat die Weltbank ihr Eingreifen stets mit der übrigen internationalen Gemeinschaft abgestimmt. Es handelte sich immer um Maßnahmen zur Wiederherstellung des Vertrauens bzw. des Marktzugangs zu Ländern mittleren Einkommens.

Auf diese Krisen hat die Weltbank mit (a) Hilfen zur Stärkung wirtschaftlicher und sozialpolitischer Reformen und (b) finanzieller Unterstützung reagiert.

Obwohl es nicht die Aufgabe der Weltbank ist, als »lender of last resort« bzw. Krisenbeistand einzuspringen, erwies sich ihre Beteiligung aufgrund der *strukturellen Ursachen* und der enormen Auswirkungen der Schuldenkrisen auf die Armut als erforderlich. Deshalb gehörten auch Reformen des öffentlichen und des Finanzsektors sowie zahlreiche Maßnahmen zur Verminderung der Krisenauswirkungen auf die armen Länder zum Maßnahmenkatalog der Weltbank.

Die Weltbank hat in Krisensituationen bereits beträchtliche Finanzhilfen für Länder mittleren Einkommens gewährt:

- Bei der Schuldenkrise Lateinamerikas in den achtziger Jahren, als viele dieser Länder unter einer riesigen Last von negativen Transferzahlungen litten, hat die Weltbank ihr Kreditvergabeprogramm beträchtlich erweitert, damit die dringend erforderlichen Zahlungsbilanzhilfen gewährt werden konnten. Infolgedessen haben sich die Ausleihungen der Weltbank an die Länder Lateinamerikas bis 1990 auf 35 Milliarden Dollar erhöht – was einem Anstieg um das Viereinhalbfache gegenüber dem Niveau von 1980 entspricht.
- Auch auf die Finanzkrisen in den Schwellenländern 1997 und 1998 hat die Weltbank mit kräftiger Unterstützung reagiert: Damals wurden Mittel im Wert von mehr als 20 Milliarden Dollar als Teil einer internationalen Rettungsaktion gewährt.

Die finanziellen Zuwendungen der Weltbank beschränkten sich jedoch nicht nur auf die Unterstützung von Reformbemühungen. Als man bei der Schuldenkrisenbewältigung der achtziger Jahre vom kurzfristigen Rollover-Gedanken zu mehrjährigen Umschuldungsvereinbarungen überging, wurde zunehmend deutlich, daß es neben den anstehenden internen Reformen in den Schuldnerländern noch weiterer Maßnahmen an der Schuldenfront bedurfte.

Interessanterweise wurde der Gedanke der Schuldenerleichterung von Alfred Herrhausen 1989 anläßlich der Jahrestagung der Weltbank und des IWF aufgebracht. Er appellierte an die internationale Gemeinschaft, über eine Schuldenreduktion für Länder mittleren Einkommens nachzudenken, was damals von vielen Bankiers noch als Sakrileg empfunden wurde. In dieser Hinsicht hat Alfred Herrhausen eine Vorreiterrolle innerhalb der internationalen Finanzgemeinschaft übernommen. Dennoch hat es zwei Jahre gedauert, bis dieser Gedanke in der Brady-Initiative – mit Schulden- und Schuldendienst-Erleichterungen als Kernpunkt – erfolgreich umgesetzt wurde.

In den letzten zehn Jahren wurden Schulden- und Schuldendienstsenkungen im Gesamtwert von rund 200 Milliarden Dollar vereinbart, was zu einer Schuldenverminderung im Nominalwert von etwa 40 Milliarden Dollar geführt hat. Hierbei hat die Weltbank durch die Vergabe mehrerer Milliarden Dollar zur Umsetzung der Brady-Maßnahmen in verschiedenen Ländern eine Schlüsselrolle gespielt.

II. Schuldenerleichterungen für die ärmsten Länder

Während die Finanzminister, Bankiers und internationalen Organisationen auf die erfolgreiche globale Bewältigung der Schuldenkrise stolz sein konnten, entwickelte sich weitgehend unbemerkt an anderer Stelle eine weitere Krise. Es waren die armen Länder, besonders in Afrika, aber auch in Lateinamerika und Asien, die sich Schuldenkrisen gegenübersahen.

Mitte der neunziger Jahre, als bereits größere private Kapitalströme, darunter auch ausländische Direktinvestitionen, in die Emerging Markets flossen, gab es noch rund 40 »heavily indebted poor countries« bzw. HIPC-Länder, die durch die Schuldenkrise und die damit verbundenen wirtschaftlichen und sozialen Folgen mehr und mehr ins Abseits gerieten.

Ausmaß der Schuldenkrise in den HIPC-Ländern

Die etwa 40 hochverschuldeten armen Länder hatten 1998 zusammen eine Auslandsverschuldung im Nominalwert von 200 Milliarden Dollar. Obwohl dieser Betrag im Vergleich zu der Schuldenlast der Entwicklungsländer insgesamt von mehr als 2 Billionen Dollar relativ klein erscheint, wirkte sich diese Verschuldung aufgrund der wirtschaftlichen Gegebenheiten viel stärker auf die ärmsten Länder aus. Das zeigt sich anhand der Auslandsschulden der HIPC-Länder, die die durchschnittlichen Exporteinnahmen um das Vierfache übertrafen im Vergleich zum 1,5fachen in den

Entwicklungsländern insgesamt. Die Verschuldung der ärmsten Länder machte durchschnittlich 120% ihres Bruttoinlandsprodukts aus – im Vergleich zu rund 40% in den Entwicklungsländern insgesamt.

Es handelt sich hier nicht nur um nüchterne Zahlen. Dahinter verbirgt sich eine tiefe menschliche Dimension, die wir nicht ignorieren können. Die HIPC-Länder zählen zu den ärmsten Ländern der Welt.

Von den etwa 600 Millionen Menschen, die in HIPC-Ländern leben, fallen mehr als die Hälfte in die Kategorie absoluter Armut, das heißt sie müssen mit weniger als einem Dollar pro Tag auskommen.

Die durchschnittliche Lebenserwartung in einem HIPC-Land ist etwa dreizehn Jahre kürzer als in den Entwicklungsländern insgesamt und sieben Jahre niedriger als in anderen Ländern mit niedrigem Einkommen.

Hier sterben mehr Säuglinge bei der Geburt bzw. Kleinkinder vor ihrem fünften Lebensjahr als in den übrigen Entwicklungsländern, und die Zahl der Kinder, die eine Schule besuchen werden, ist ebenfalls viel geringer.

Im Gegensatz zur Situation in vielen anderen Entwicklungsländern haben die meisten Menschen in den HIPC-Ländern seit mehr als 20 Jahren keine Verbesserung ihres Lebensstandards erfahren.

Ein neuer Lösungsansatz ist erforderlich

Es war also klar, daß ein neuer Weg beschritten werden mußte, aber die Verwirklichung der Schuldenreduktion für HIPC-Länder hat für die Weltbank und andere am Entwicklungsprozeß Beteiligte zahlreiche komplexe Probleme aufgeworfen. Diese Probleme hingen mit der Zusammensetzung der Gläubiger, deren unterschiedlichen Kreditvergabepraktiken und dem politischen Willen sowie dem öffentlichen Interesse an einer nachhaltigen Veränderung zusammen.

Unterschiedliche Gläubiger – Die ärmsten Länder haben eine wesentlich andere Gläubigerstruktur. Im Gegensatz zu den Ländern mittleren Einkommens, deren Gläubiger in der Schuldenkrise der achtziger Jahre die großen Geschäftsbanken waren, bestanden die Geldgeber im Falle der HIPC-Länder aus Regierungen und staatlichen, multilateralen Institutionen wie der Weltbank, dem Internationalen Währungsfonds und etwa 25 weiteren regionalen Finanzorganisationen. 1998 wurden beispielsweise etwa 85% der öffentlichen Schulden der HIPC-Länder von staatlichen Organisationen bereitgestellt.

Die Tatsache, daß hier staatliche und nicht private Gläubiger maßgeblich beteiligt waren, ist insofern wichtig, als einige der gegenüber den HIPC-Ländern eingesetzten Finanzinstrumente sich für einen Schuldenerlaß nicht gut eignen. Die Weltbank zum Beispiel vergibt durch die International Development Association (IDA) Gelder zu sehr günstigen Vorzugskonditionen an die ärmsten Länder der Welt. Konkret heißt das, daß den Schuldnerländern keine Zinsen berechnet werden und eine Rückzahlungsfrist von bis zu 40 Jahren besteht. Das funktioniert ähnlich wie bei einem genossenschaftlichen Kreditinstitut: Die Finanzierungsmittel werden in einem Pool zusammengefaßt, ausgeliehen und ständig an bedürftige Schuldner weitergegeben. Wir können heute beispielsweise zu diesen Vorzugskonditionen Mittel an Bangladesch leihen, weil andere Länder, die in der Vergangenheit diese Fazilität genutzt haben, kontinuierlich ihren Schuldendienst leisten. Ein solches System kann ohne neue Finanzhilfen nur dann funktionieren, wenn die Schuldner pünktlich zurückzahlen. Anders gesagt: wenn es in Verbindung mit einem Vorzugsfenster wie der IDA zur Schuldenreduktion kommt, müssen Geldgeber immer wieder neue Mittel aufbringen, um die Kreditvergabe an die ärmsten Länder zu gewährleisten. Ansonsten würde ein Land wie Bangladesch letztendlich für die Schuldenerleichterungen von Uganda oder Bolivien zahlen, was natürlich völlig inakzeptabel wäre.

Unterschiedliche Kreditvergabepraktiken – Ein weiteres Problem stellt sich den Entwicklungsinstitutionen durch die langfristige Verpflichtung, die sie bei der Kreditvergabe an arme Länder eingehen müssen. Wenn private Gläubiger Schuldenerleichterungen gewähren, lassen sie sich meistens eine »exit strategy« als Notausstieg einräumen – zumindest im kurz- bis mittelfristigen Bereich. Die multilateralen Institutionen wie die Weltbank hingegen müssen sich langfristig festlegen, was aber nicht heißen soll, daß wir nicht ergebnisorientiert wären. Wie Privatbanken auch, setzen wir in den von uns betreuten Ländern auf ein Endergebnis – nämlich den Armutsabbau . Hier handelt es sich jedoch um langfristige Investitionen, oft unter erschwerten Bedingungen. Ein Auf- und Zudrehen des Geldhahns für die armen Länder wäre nicht nur undenkbar, sondern langfristig auch kontraproduktiv.

Diese Verpflichtung ist besonders für diejenigen HIPC-Empfängerländer wichtig, die bei der Implementierung ihrer Schuldenprogramme mit positiven Nettokapitalzuflüssen rechnen können. Hier liegt ein weiterer wichtiger Unterschied zwischen der HIPC-Schuldenkrise und früheren Schuldenkrisen. Damals waren die Schuldner mittleren Einkommens zu erheblichen Nettotransferleistungen an ihre Gläubiger verpflichtet. Das klassische *Transferproblem* gilt daher nicht für die HIPC-Länder, da diese zunehmend zu Vorzugskonditionen erhebliche positive Mittelzuflüsse, insbesondere seitens staatlicher bzw. öffentlicher Kreditgeber, erhalten. De facto betrugen die jährlichen Nettotransferleistungen an HIPC-Länder im mittel bis langfristigen Bereich (einschließlich Subventionen) während des größten Teils der neunziger Jahre durchschnittlich etwa 10% des BIP, das heißt das Zwei- bis Vierfache ihrer tatsächlichen Schuldendienstzahlungen.

Politische Prioritäten – Neben den grundlegenden finanziellen Problemen, die die Aufstellung eines effektiven Schuldenerleichterungsprogramms seitens der öffentlichen Kreditgeber erschwerten, waren sie gleichzeitig anderen großen Herausforderungen ausgesetzt. Eine Schuldenreduktion für einige arme Länder wurde international kaum registriert, zumal sich damals die Industrieländer selbst in einer konjunkturellen Rezession befanden und mit den Risiken des Wandels in Osteuropa und der ehemaligen UdSSR konfrontiert wurden. Da also private Investitionen und somit auch die globalen Finanzmärkte kaum betroffen waren, stieg das Schuldenniveau der HIPC-Länder – von der internationalen Gemeinschaft kaum beachtet – dramatisch an.

Zwar wurden Maßnahmen ergriffen. Da sie aber nicht im öffentlichen Rampenlicht standen, erwiesen sie sich eher als Stückwerk und brachten nur bedingte Erfolge. Die wiederholten bilateralen Schuldenerleichterungen des Pariser Clubs, die *immer stärker subventioniert wurden,* waren sicherlich wichtig, reichten aber häufig nicht aus, um einen endgültigen Ausstieg aus dem Umschuldungsprozeß zu ermöglichen.

Zahlreiche Maßnahmen wurden des weiteren ergriffen, um die relativ niedrigen Handelsschulden der HIPC-Länder fast vollständig abzubauen. So führte die Weltbank im Jahr 1989 zum Beispiel die sogenannte IDA Debt Reduction Facility zugunsten der ärmsten Länder ein, die sich für die ausschließliche Kreditaufnahme von der International Development Association der Weltbank qualifizieren. Die Fazilität soll diese Länder bei der Senkung bzw. Umstrukturierung ihrer Handelsschulden unterstützen. Die Weltbank übertrug an die Empfängerländer mehr als 300 Millionen Dollar auf Subventionsbasis aus ihren Nettoeinnahmen. Bisher wurden Handelsschulden von mehr als 6,5 Milliarden Dollar zu einem durchschnittlichen Abschlagssatz von 85% annulliert. Dies entspricht durchschnittlich 14% des BIP. In jüngerer Vergangenheit haben wir uns ebenfalls erheblich bei der Umsetzung von Maßnahmen nach dem Brady-Modell in der Elfenbeinküste engagiert. Dort wurden Schulden im heutigen Gegenwert von 5 Milliarden Dollar storniert, und in Vietnam erfolgte eine Senkung der Handelsschulden, die sich auf mehr als 300 Millionen Dollar beliefen.

So wichtig diese Initiativen auch waren, reichten sie jedoch nicht aus. Ein Aspekt, der bis dahin nicht berücksichtigt worden war, mußte auf den Tisch gebracht werden: eine signifikante Aufhebung multilateraler Schulden und damit einhergehend ein echter Schuldendienstabbau. Natürlich hätten die multilateralen Geldgeber die Frage einer umfassenden Schuldenerleichterung zugunsten der ärmsten Länder schon früher angehen sollen. Die Art der Kreditvergabe änderte sich zwar dahin gehend, daß die Mittel verstärkt zu bevorzugten Konditionen gewährt wurden, aber die Frage der echten Schuldenerleichterungen wurde nicht behandelt.

Das mußte sich ändern. Der Schuldenberg der HIPC-Länder nahm ständig zu, und die Zahlungsrückstände häuften sich. Diese Situation wurde begleitet von rückläufiger Entwicklungshilfe, stagnierendem Wachstum und einer fast völligen Isolierung von den globalen Kapitalmärkten. Dies wiederum erhöhte die Schuldendienstlast und verschärfte den Druck auf die öffentlichen Haushalte: Da es sich um fungible Mittel handelte, standen schwierige Entscheidungen über Sozialausgaben und Programme zur Armutsbekämpfung an.

III. Der neue Ansatz: die HIPC-Initiative

Im Jahre 1996 wurde unter der Führung des damaligen neuen Weltbank-Präsidenten, James Wolfensohn, in enger Zusammenarbeit mit dem Managing Director des IWF, Michel Camdessus, ein umfangreiches Schuldenreduktions-Programm zugunsten der ärmsten und am stärksten verschuldeten Länder der Welt aufgelegt. Dieses Programm stellte in mindestens dreierlei Hinsicht ein Novum dar:

- Die Schuldenerleichterungen sollten *umfassend* sein. Sämtliche Gläubiger sollten sich beteiligen und zu einer echten Schuldenreduktion durch Kooperation und Lastenverteilung verpflichtet werden. Dies bedeutete, daß auch multilaterale Gläubiger, einschließlich der Weltbank und des IWF, zu einem Schuldenerlaß bewegt werden sollten – vordem ein Tabu.
- Die Schuldenreduzierung sollte im Rahmen eines

Gesamtentwicklungsprogramms erfolgen. Ziel war die sogenannte *Debt Sustainability*, das heißt der nachhaltige Abbau der Schulden auf ein Niveau, das es dem betreffenden Land ermöglicht, seine Schulden zu tilgen und gleichzeitig wichtige Investitionen zur Armutsbekämpfung und zur langfristigen Entwicklung des Landes zu tätigen. Dies stellte einen wichtigen Wendepunkt in der Geschichte der internationalen Schuldenerleichterungen dar, denn ihre Höhe richtete sich nunmehr nach einem individuell festgelegten Niveau tragfähiger Verschuldung und nicht nach von den Gläubigern willkürlich festgesetzten Prozentsätzen.

– Die Länder sollten Schuldenerleichterungen erst nach der Erfüllung bestimmter Auflagen erhalten und nicht – wie in der Vergangenheit – in Form von Pauschalzahlungen oder Zahlungsbilanz-Finanzierungen.

Erfahrungen

In den letzten drei Jahren ist viel geschehen, und bei der Implementierung wurden meßbare Fortschritte erzielt: Von vierzehn geprüften Ländern haben sich zwölf für Schuldendienstsenkungen in Höhe von mehr als 9 Milliarden Dollar qualifiziert. Vier Länder (Bolivien, Uganda, Guyana, Mosambik) haben das Verfahren abgeschlossen und Schuldenerleichterungen erhalten.

Zur partiellen Finanzierung ihres Anteils hat die

Weltbank bisher mehr als 1 Milliarde Dollar aus ihrem »non-concessional«, das heißt nicht subventionierten Kreditbereich abgezogen und an den HIPC Trust Fund überwiesen. Er ist das wichtigste Instrument der Weltbank zur Annullierung von IDA-Schulden.

Des weiteren haben wir eng mit unseren institutionellen Partnern, wie dem Pariser Club, rund 25 multilateralen Institutionen, den Vereinten Nationen und natürlich den Regierungen der HIPC-Länder selbst und den beteiligten kommerziellen Gläubigern zusammengearbeitet. Da die HIPC-Initiative eine wirklich globale Vereinbarung darstellt, ist diese Koordination zwar sehr anspruchsvoll und zeitaufwendig, aber zugleich ein absolut essentielles Element für den Erfolg des Programms.

Schließlich, und was vielleicht am wichtigsten ist, sind wir in einen offenen und transparenten Dialog mit der Bürgergesellschaft eingetreten. Die Schuldenkrisen in armen Ländern unterschieden sich oft von denen in den Schwellenländern durch das Ausmaß des ausländischen Interesses. Die Schuldenkrisen in Ländern mit mittleren Einkommen haben bei der internationalen Gemeinschaft stets sofortige Beachtung gefunden. Im Falle der ärmsten Länder entstanden jedoch erst allmählich Interessengruppen, die das Schuldenproblem an die Spitze der internationalen Tagesordnung rückten.

Heute haben die HIPC-Länder ihre eigenen Befürworter gefunden. Ein dynamisches Netz aus kirchlichen Vereinigungen, NGOs, Intellektuellen, Wissenschaftlern und Bürgern aus allen Teilen der Welt hat sich vehement für Schuldenerleichterungen zugunsten der ärmsten Länder eingesetzt, und die Regierungschefs haben reagiert. Anläßlich des Millenniums wurde das Problem noch weiter in das Zentrum des Interesses gerückt, wodurch es auch gelang, diejenigen einzubeziehen, die bisher wenig über internationale Schuldenprogramme wußten. Der Papst und der Erzbischof von Canterbury haben die Interessen der HIPC-Länder wirksam vertreten, und Vereinigungen wie Jubilee 2000 und OXFAM haben eine der stärksten Lobbies der jüngsten Geschichte auf die Beine gestellt. Ich kann sie nur mit dem kürzlichen Erfolg der internationalen Kampagne gegen den Einsatz von Landminen vergleichen.

Was uns am meisten ermutigt hat, war die Art, wie wir miteinander kooperierten, auch wenn das auf *beiden* Seiten seine Zeit gebraucht hat. Vor zwei Jahren bildeten mehr als 50 000 Menschen eine Kette um die Tagungsstätte in Birmingham, in der das G-7-Gipfeltreffen stattfand. Im Laufe des letzten Jahres haben Jubilee und andere Vereinigungen ihren Einzug in die Finanzministerien und ganz bestimmt in die Weltbank gehalten. In den vergangenen zehn Monaten haben wir offen diskutiert mit Menschen aus aller Welt, die sich nicht nur der HIPC-Initiative und der erweiterten Schuldenerleichterung verpflichtet fühlen, sondern auch ausgezeichnete Ideen vorbrachten. Im Rahmen einer einjährigen Überprüfung der HIPC-Initiative haben wir nunmehr eine interaktive

Internet-Seite eingerichtet und in Afrika, Lateinamerika, den Vereinigten Staaten und Europa Gespräche geführt. Unsere erste öffentliche Diskussionsrunde im Rahmen dieser Überprüfung fand sogar hier in Deutschland statt. Insgesamt haben wir auf mehr als 1000 Seiten konkrete Vorschläge im Zusammenhang mit den Kernelementen der Initiative formuliert. Diese wurde den Führungsgremien der Weltbank und des IWF vorgelegt und haben so den erweiterten Rahmen der Initiative stark beeinflußt. Die Ergebnisse dieses Dialogs zeigten sich auch auf dem G-7-Treffen von 1999 in Köln, wo der Wille der Gesellschaft deutlich zum Ausdruck kam.

Dank dieser Koordinationsarbeit konnten wir den aufrichtigen Dialog in reale politische Veränderungen umsetzen. Im September 1999 hat die internationale Staatengemeinschaft wichtige Verbesserungen beschlossen. Diese Verbesserungen gleichen auf verblüffende Weise vielen Änderungsvorschlägen, die von Bürgern in die Diskussion gebracht wurden. Sie werden weitergehende, umfassendere und schnellere Maßnahmen im Rahmen der HIPC-Initiative bewirken, das heißt fast eine Verdoppelung der Schuldenentlästung (in Höhe von 50–60 Milliarden Dollar in sukzessiven Schuldendienstsenkungen), die Anhebung der Zahl derjenigen Länder, die sich für solche Erleichterungen qualifizieren, auf eventuell 36 sowie eine erhebliche Beschleunigung der Schuldenerleichterung.

Schuldenerleichterungen allein sind jedoch kein

Selbstzweck. Im Laufe der HIPC-Überprüfung haben die Weltbank sowie andere Teilnehmer sich für eine enge Koppelung von Schuldenerleichterungen und Armutsabbau ausgesprochen. Damit soll nicht nur eine stärkere Fokussierung auf die Armut im Rahmen der Reformprogramme in den HIPC-Ländern erzielt, sondern auch ein Rahmen für eine möglichst effiziente Nutzung der im Zuge der Schuldenreduktion frei werdenden Ressourcen zugunsten der weiteren Entwicklung geschaffen werden. Ziel ist also eine Struktur, innerhalb derer Schuldenerleichterungen und sonstige externe Hilfen mit Ressourcen aus dem eigenen Land zusammengeführt werden.

Höhepunkt dieser Diskussion war die Verpflichtung aller an der Jahreskonferenz im September beteiligten Minister, sich verstärkt für die Armutsbekämpfung einzusetzen. Klar formuliert wurde das Bestreben, Schuldenerleichterungen so zu gewähren, daß nicht nur das »moral-hazard«-Problem vermieden und die Risiken einer Wiederholung der Schuldenkrisen minimiert werden, sondern daß damit auch ein möglichst großer Beitrag zur Armutsbekämpfung geleistet wird. Gleichzeitig wurde anerkannt, daß der derzeitige Ansatz zur Armutssenkung nicht die gewünschten Resultate erzielt hat. Eine von den Regierungen der HIPC-Länder und den anderen Staaten mit niedrigem Einkommen zu erstellende umfassende und aktive Strategie zur Armutsreduzierung könnte den dringend benötigten Fahrplan für die Festlegung von Prioritäten in der Armutsbekämpfung, die Überwachung von Fortschritten sowie die Finanzierung von Entwicklungsmaßnahmen, einschließlich Schuldenerleichterungen, bilden und der Initiative mehr Konsistenz verleihen.

Vor uns liegende Aufgaben

Die vor uns liegenden Herausforderungen betreffen drei Bereiche:

- Wir werden zur Durchführung der erweiterten HIPC-Initiative eng mit den jeweiligen Ländern zusammenarbeiten. Wir rechnen damit, daß bis zu 25 Länder in dieser Phase Schuldenerleichterungspakete bis zum Ende des kommenden Jahres erhalten werden.
- Gemeinsam mit dem IWF und anderen an der Entwicklungsarbeit beteiligten Partnern sind wir bereit, die Länder bei der Entwicklung von Armutsbekämpfungsstrategien zu unterstützen, die, so hoffen wir, zur Erreichung der International Development Goals und auch der Senkung des Armutsniveaus um die Hälfte bis zum Jahr 2015 führen werden.
- Schließlich werden wir zur Implementierung dieser ehrgeizigen Ziele für die Schuldenerleichterung und Armutsreduzierung das Engagement aller benötigen.

Mit seinem Appell – »Hilfe kann von außen kommen, Reformen nur von innen« – hat Alfred Herrhausen bereits einige Grundsätze der HIPC-Initiative vorweggenommen. Die Schuldnerländer müssen ihre Wirtschafts- und Armutsbekämpfungsprogramme nachhaltig fortführen und vor allem umsetzen. Die internationale Staatengemeinschaft muß weiterhin ihrer Verpflichtung nachkommen, den ärmsten Ländern der Welt zu helfen. Das bedeutet, daß die Verpflichtung der Geldgeber nicht nur in der vollständigen Finanzierung der HIPC-Initiative besteht, sondern daß sie sich ebenfalls bemühen, den rückläufigen Trend bei der Entwicklungshilfe umzukehren, und für eine Öffnung der Märkte für Exporte aus den HIPC-Ländern sorgen. Dies ist ein Appell, die *Verantwortung gemeinsam zu tragen.* Es lohnt sich bestimmt!

Emmanuel Tumusiime-Mutebile

Das Beispiel Uganda: Schuldenerleichterung ist Armutsbekämpfung

DIE DEBATTE ÜBER DEN ERLASS von Auslandsschulden rückte 1999 weltweit ins Blickfeld des öffentlichen Interesses. Insbesondere der Diskussion über die Verknüpfung von Schulden und Armut kam eine besondere Bedeutung zu. Damit erhielt die internationale Staatengemeinschaft die einzigartige Gelegenheit, die Auslandsverschuldung von Entwicklungsländern und die damit für sie verbundene Belastung umfassend zu erörtern sowie die Ressourcen aus dem Schuldendienst zur Finanzierung der öffentlichen Ausgaben für eine Senkung der Armut einzusetzen.

Als Reaktion der internationalen Finanzkreise entstand die HIPC-Schuldeninitiative. Ich fühle mich daher sehr geehrt, hier über die Erfahrung Ugandas mit der HIPC-Schuldeninitiative und die Aussichten für eine Erreichung der beiden Ziele, »Debt Sustainability« und beschleunigte Armutssenkung, sprechen zu können.

Uganda war nicht nur das erste Land, das in den Genuß eines Schuldenerlasses durch die HIPC-Schuldeninitiative kam. Wir haben vielmehr auch bedeutende Fortschritte bei der effektiven Verwendung dieser Unterstützungsleistungen zugunsten der dringendsten Armutssenkungsprogramme erzielt. Sie werden daher mit mir darin übereinstimmen, daß Uganda ein ideales Beispiel für die Wirksamkeit des HIPC-Schuldenerlasses bietet.

Zunächst möchte ich über

- unsere Erfahrungen hinsichtlich der Gewährung von Unterstützungsleistungen durch die HIPC-Initiative berichten und
- Ihnen einen Einblick in unsere Bemühungen verschaffen, die durch einen Schuldenerlaß gewährte Hilfe so umzusetzen, daß eine beschleunigte Armutssenkung erreicht wird.

Anschließend möchte ich auf die erweiterte HIPC-Initiative und auf die – meiner Meinung nach – notwendigen Voraussetzungen für eine Strategie zur Beendigung von Umschuldungen bei gleichzeitiger Beschleunigung der Armutsbekämpfung eingehen.

Im April 1998 qualifizierte sich Uganda als erstes Land für eine Unterstützung im Rahmen der HIPC-Initiative. In Anerkennung unserer anhaltenden erfolgreichen Bemühungen um makroökonomische Stabilität und Liberalisierung wurde auf das Kriterium des üblichen Drei-plus-drei-Jahre-Zeitraums verzichtet. Uganda wurde bei Erfüllung der Qualifikationskriterien ein Schuldenerlaß im Gegenwert von 340 Millionen Dollar (Nettogegenwartswert) gewährt.

Die ursprünglich getroffene Entscheidung sah zunächst Unterstützungsleistungen in Höhe von zirka 30 Millionen Dollar pro Jahr vor. Die Weltbank und der IWF waren jedoch mit einer sogenannten »front-loaded« HIPC-Unterstützung (höhere Leistungen zu Beginn der Laufzeit) einverstanden, nachdem wir dargelegt hatten, daß die bilateralen Zuweisungen der Geldgeber an den multilateralen Schuldenfonds Ugandas bereits vor Erfüllung der HIPC-Kriterien einen Überschuß von 40 Millionen Dollar pro Jahr aufgewiesen hatten. Demzufolge erhält Uganda gemäß der ursprünglichen HIPC-Initiative während der ersten fünf Jahre einen Schuldenerlaß von zirka 40 Millionen Dollar pro Jahr. Für die darauf folgenden Jahre wird ein geringerer Betrag angesetzt. Natürlich wird es einige Zeit dauern, bis sich der Nutzen dieser Initiative bemerkbar macht. Wir rechnen jedoch mit Unterstützungsleistungen für die Laufzeit der von der Weltbank zurückgekauften und annullierten Kredite, das heißt für einen Zeitraum von zirka 40 Jahren.

Sowohl unsere Erfahrungen vor als auch nach Umsetzung der Initiative können für andere HIPC-Begünstigte sehr nützlich sein, da sie die Stärken und Schwächen des Schuldenerlaß-Verfahrens aufzeigen. Im Vorfeld der Qualifizierung war es notwendig, mit allen unseren Gläubigern einen Schuldenabgleich vorzunehmen und mit den zuständigen Stellen der Weltbank und des IWF Vereinbarungen über die »Debt Sustainability Analysis« (DSA) zu treffen. Dies war eine schwierige Aufgabe, und die Tatsache, daß wir bereits in den vorangegangenen Jahren ein erhebliches Schuldenmanagement-Potential gebildet hatten, erwies sich hier als eine Investition von unschätzbarem Wert. Wir konnten so sicherstellen, daß unsere Vorbehalte hinsichtlich eventueller Exportschwankungen in der DSA berücksichtigt und ein »frontloaded« Unterstützungsprofil erstellt wurde, um einen Rückgang der Unterstützungsleistungen der Geldgeber nach dem Auslaufen des multilateralen Schuldenfonds bei Erreichung der Qualifikation zu verhindern. Nach Erfüllung der Qualifikationskriterien standen individuelle Verhandlungen mit unseren Gläubigern über den Abbau der Schuldenlast an. Diese waren sehr zeitaufwendig und dauerten länger als erwartet. Leider wollten sich einige Gläubiger nicht dem Tenor der Initiative anschließen und optierten für die Gewährung neuer »weicher Kredite« zur Reduzierung der gegenwärtigen Schuldenlast. Auch gewährten nicht alle anderen bilateralen Gläubiger, wie vom Pariser Club erwartet, Unterstützungsleistungen zu vergleichbaren Bedingungen. Die bilateralen, nicht der OECD angehörenden Gläubiger verweigerten generell die Teilnahme. Dadurch entging Uganda eine Schuldenreduktion im Gegenwert von 200 Millionen Dollar. Wir waren daher nicht in der Lage, die Schuldenlast auf ein Niveau unterhalb der im HIPC-Rahmenabkommen festgelegten Level zurückzuführen.

Die Umsetzung der HIPC-Schuldeninitiative ging

nicht so reibungslos vonstatten, wie wir es gehofft und die Begründer der Initiative erwartet hatten. Nach den mir vorliegenden Informationen sehen sich andere betroffene Länder mit ähnlichen Problemen konfrontiert. Im Vorfeld des G-7-Gipfels, der im Juni 1999 in Köln stattfand, hat sich unser Finanzminister diesbezüglich an die G-7-Finanzminister gewandt. Wir haben dieses Thema auch gegenüber der Weltbank und dem IWF angesprochen. Die betreffenden Reformüberlegungen bezogen sich jedoch leider mehr auf die Ausgestaltung als die Umsetzung.

Die Unsicherheit hinsichtlich des Status mancher Gläubiger führt zu Unsicherheiten bei unseren Planungen hinsichtlich des Schuldenerlasses. Es ist in diesem Zusammenhang von allergrößter Bedeutung, daß bei Festlegung der zur Armutslinderung vorgesehenen Ausgaben im Rahmen des mittelfristigen Ausgabenprogramms die Verfügbarkeit der Ressourcen gesichert ist. Wir hatten die Hoffnung, daß die HIPC-Initiative uns bei Erlangung dieser Sicherheit helfen würde. Dies wurde jedoch wegen der Zweifel am Teilnahmestatus einiger Gläubiger verhindert.

Bevor ich mich wieder der erweiterten HIPC-Initiative zuwende, möchte ich noch auf die wesentlichen Vorteile, die der HIPC-Schuldenerlaß bereits gebracht hat, eingehen.

Ein Jahr vor Erfüllung der Kriterien hat die Regierung einen »Poverty Eradication Action Plan« (PEAP) erstellt, der das Rahmenwerk für die Senkung der Armut in unserem Land bildet.

Der PEAP stützt sich auf die Erwartung, daß die Armut im Jahre 2017 in Uganda besiegt sein wird; allerdings nicht durch Almosen der Regierung, sondern durch

1. eine Umverteilung öffentlicher Ausgaben auf solche Bereiche, bei denen die Armen direkt profitieren.
2. die Erhaltung der makroökonomischen Stabilität mit einer niedrigen Inflationsrate, offenen Märkten und strukturellen Reformen, um sämtliche Hindernisse für eine effiziente Ressourcenallokation zu beseitigen.

Der PEAP besteht aus drei Säulen. Die erste Säule umfaßt Aktivitäten, bei denen durch öffentliche Finanzierung ein Umfeld geschaffen werden kann, in welchem das Einkommen kleinerer landwirtschaftlicher Betriebe durch einträgliche landwirtschaftliche Nebenerwerbe oder durch Beschäftigung im nichtlandwirtschaftlichen Bereich erhöht werden kann. Die zweite Säule beinhaltet die Finanzierung von Verbesserungen im Sozialsystem, insbesondere die medizinische Grundversorgung der armen Bevölkerung und eine bessere Trinkwasserversorgung und so weiter. Die dritte Säule betrifft Aktivitäten mit folgender Zielsetzung: Mitwirkung der Bevölkerung, bessere Verwaltungsstrukturen und mehr Verantwortlichkeit auf sämtlichen Regierungs- und Gesellschaftsebenen, einschließlich der Meinungs- und Pressefreiheit und der Rechtsstaatlichkeit. Aus diesem Grunde müssen sämtliche öffentlichen Ausgaben auf den Prüfstand gestellt werden. Die Regierung sollte diese nur genehmigen, wenn sie zur Stärkung der drei Säulen beitragen. Wir sind schon seit einigen Jahren dabei, die Zuweisungen im Rahmen unserer Budgetausgaben so zu verlagern, daß sie vorrangig bei den Projekten und Programmen zur Armutssenkung greifen. Dank der zusätzlichen Budgetressourcen durch den HIPC-Schuldenerlaß konnten wir die öffentlichen Ausgaben für die Armutsbekämpfung deutlich steigern.

Der Schuldenerlaß durch das HIPC-Programm ermöglichte uns nicht nur, die Mittel für Sozialausgaben zu erhöhen, sondern mehr öffentliche Anerkennung für die Anstrengungen der Regierung im Kampf gegen die Armut zu gewinnen. Mit der Gründung des »Poverty Action Fund« (PAF) als Kernelement des Budgets für 1998/99 konnten wir verdeutlichen, daß die über den Schuldendienst freigewordenen Ressourcen für die Durchführung der Poverty-Eradication-Plan-Programme eingesetzt wurden.

- Der »Poverty Action Fund« verfolgt primär das Ziel, allen Beteiligten einschließlich der Bevölkerung und unseren Entwicklungspartnern zu verdeutlichen, daß diese Mittel zur Unterstützung der Programme für den »Poverty Eradication Action Plan« eingesetzt werden.
- Die Maßnahmen, die in 1998/99 höhere Mittelzuweisungen aus dem HIPC-Programm erhielten, galten als »Poverty Action Fund«-Programme. Sie

waren ein fester Bestandteil der Arbeit der zuständigen Ministerien und der mit der Durchführung beauftragten Firmen und werden im Rahmen des »Poverty Eradication Action Plan« überwacht.

- Der Poverty Action Fund wurde geschaffen, um Ressourcen für die Programme des Poverty Eradication Action Plan zu beschaffen. Die Zuweisung der Mittel aus dem HIPC-Schuldenerlaß wurde von dem Poverty Eradication Action Plan gesteuert. Dies gilt auch für andere, zusätzliche Unterstützungsleistungen. Daher kann der Schuldenerlaß für den Poverty Action Fund als zusätzliche Stimulierung für neue Mittelzuflüsse zu Armutssenkungs-Programmen angesehen werden. Die Niederlande zum Beispiel waren das erste Land, das den Poverty Action Fund durch Unterstützung beim Bau von Schulen und bei der Gesundheitsgrundversorgung auf Bezirksebene unterstützte.
- Poverty-Action-Fund-Ressourcen sind Teil des Budgets und der mittelfristigen Finanzplanung (»Medium Term Expenditure Framework«). Dadurch wird sichergestellt, daß die Ausgaben für Poverty-Action-Fund-Programme und deren Finanzierung den Kriterien für den Erhalt makroökonomischer Stabilität und die mittelfristige Sicherung öffentlicher Gelder entsprechen.
- Durch die Integration des Poverty Action Fund in den Poverty Eradication Action Plan und den mittelfristigen Ausgaberahmen wird sichergestellt, daß sowohl auf Sektor- als auch auf Budgetebene der

Poverty Action Fund nicht als ein paralleler Zuweisungsmechanismus angesehen wird.

- Durch den Mechanismus des Poverty Action Fund wurden die Bemühungen um eine höhere Verantwortlichkeit und Transparenz der Aktivitäten der Regierung verstärkt. Dies zeigen auch die höheren Ausgaben für verantwortliche Funktionen und die vierteljährlich von der Regierung einberufenen Sitzungen, bei denen die Umsetzung des PAF mit Geldgebern erörtert und die Bevölkerung und die Medien informiert werden.

Der PAF ist Bestandteil des Medium Term Expenditure Framework, im Rahmen dessen die aus dem Auslandsschuldendienst freigewordenen Mittel für die dringlichsten Armutsbekämpfungsprogramme abgestellt werden. Der PAF unterstützt die nachstehenden Bereiche: Primarerziehungs- und Bildungssektor; gesundheitliche Grundversorgung, Wasserversorgung und sanitäre Anlagen, Straßennetz in ländlichen Bereichen, Agrarförderung sowie die für die Überwachung zuständigen Behörden.

Im Fiskaljahr 1998/99 wurden für diese kombinierten Programme über 100% mehr Budgetmittel als in dem Jahr unmittelbar vor der Erfüllung der HIPC-Bedingungen bereitgestellt.

Der PAF war als Instrument zur Mobilisierung von Mitteln aus dem Schuldenerlaß für die Durchführung der Poverty-Eradication-Action-Plan-Programme konzipiert worden. Dank der klaren Zielsetzung des

Fonds flossen ihm *zusätzliche* Mittel aus Schenkungen für Armutsbeseitigungsprogramme (poverty programmes) zu. Dies ist ein Beispiel dafür, wie effizient sich dieser Mechanismus aktivieren läßt, um vorhandene Mittel für die Armutssenkung einzusetzen.

Die erweiterte HIPC-Initiative ist eine direkte Antwort an solche Personenkreise, die die indirekte Anbindung des ursprünglichen Mechanismus an die Armutssenkung mißbilligten. Ich möchte deshalb im folgenden näher auf die Vorteile eingehen, die Uganda von der erweiterten HIPC-Initiative erwarten darf.

In Anerkennung der anhaltenden Verpflichtung Ugandas zu makroökonomischer Stabilität und Senkung der Armut werden der IWF und die Weltbank wahrscheinlich noch vor Ende 1999 zustimmen, daß Uganda als erstes Land Unterstützung über die Enhanced-HIPC-Schuldeninitiative erhält.

Die Debt Sustainability Analysis für Uganda steht kurz vor dem Abschluß, und nach den vorliegenden Schätzungen wird Uganda einen Schuldenerlaß im aktuellen Gegenwert von 800 Millionen Dollar erhalten. Dieser wird zusätzlich zu der im Rahmen der ursprünglichen Initiative gewährten Schuldenerleichterung eingeräumt. Je nach Höhe des »frontloading« (sowie nach zufriedenstellendem Abschluß der entsprechenden Finanzierungsvereinbarungen) entspricht dies einem jährlichen Schuldenerlaß von 40–80 Millionen Dollar.

Zunächst werden diese substantiellen Mittel in

den Bildungs- und Erziehungssektor fließen. Damit werden die Mittel für Bauvorhaben im Schulbereich aufgestockt und mehr Lehrer eingestellt. Zusätzliche Gelder erhält auch der Wasserversorgungssektor. Damit werden sich die Wasserversorgungs- und Sanitäreinrichtungen in ländlichen Gemeinden verbessern. Langfristig hoffen wir, unsere gesamten Programme im Rahmen des Poverty Eradication Action Plan in dem Umfang fördern zu können, daß sich die Einkommenslage der Armen und ihre Lebensqualität nachhaltig verbessern. Damit einhergehen werden der Ausbau der Agrarwirtschaft, der Ausbau des Straßennetzes auf dem Land sowie des Gesundheitswesens.

Die Enhanced-HIPC-Initiative ist für Uganda zweifellos eine umfangreiche zusätzliche Unterstützung. Dies werden wir bei unseren Bemühungen um eine Senkung der Armut spüren. Ich möchte daher den Mitarbeitern des IWF und der Weltbank danken, die sich in diesem Jahr unermüdlich für einen Abschluß der Reform der HIPC-Rahmenbedingungen und deren Implementierung eingesetzt haben. Besonders verbunden bin ich den NGOs und den G-7-Ländern, die gemeinsam an weiteren Reformen des HIPC-Mechanismus gearbeitet haben. Mein besonderer Dank aber gilt der Jahr-2000-Kampagne und den OXFAM.

Sorgen bereiten mir weiterhin einige Schwachpunkte der ersten Initiative, die noch nicht ausreichend behandelt worden sind. Ich meine hier insbesondere die

Tatsache, daß es keinen Mechanismus gibt, mit dem die Teilnahme *aller* Gläubiger sichergestellt werden kann. Wie ich bereits erwähnte, fußen die derzeitigen Vereinbarungen auf der Annahme, daß die nicht der OECD angehörenden bilateralen Gläubiger damit einverstanden sind, daß den HIPC-Ländern Schuldenerlässe in gleichem Umfang gewährt werden, die ihnen der Pariser Club konzedierte. Unsere Bemühungen, die nicht der OECD angehörenden bilateralen Gläubiger zu einer Teilnahme zu bewegen, waren jedoch erfolglos. Infolgedessen sind uns Schuldenerlässe in Höhe von 200 Millionen Dollar (netto), die wir nach der HIPC Debt Sustainability eigentlich hätten erhalten müssen, entgangen. Es besteht somit die Gefahr, daß infolge dieses Ausfalls die zweifache Zielsetzung der Initiative untergraben wird: das heißt die Sicherstellung der Tragfähigkeit der Schuldenlast durch Abbau des Schuldenüberhangs auf der einen und die Freigabe von Geldern zur Senkung der Armut auf der anderen Seite.

Der Schuldenüberhang ist besonders für Länder wie Uganda ein großes Problem. Dabei dürfen wir nicht unterschätzen, wie stark die künftige Tragfähigkeit der Schuldenlast durch Mängel der HIPC-Bedingungen ausgehöhlt wird. In letzter Zeit ist von Investorenseite das Kreditrisiko für Uganda immer niedriger gewichtet worden, und wir haben viel zur Ankurbelung der Investitionstätigkeit in der Privatwirtschaft unseres Landes unternommen. Wenn jedoch unsere Schuldenindikatoren weiterhin einen Schuldenüberhang anzeigen, beeinträchtigt dies eventuell die Investitionsbereitschaft. Ein niedrigeres Investitionsniveau würde die künftigen Exportleistungen, das Steueraufkommen und das Wirtschaftswachstum unmittelbar beeinträchtigen und sich in den Indikatoren für die »Tragfähigkeit der Schulden« niederschlagen. Nachdem so viel zur Umstrukturierung der Initiative unternommen worden ist, bin ich aber optimistisch, daß auch dieses schwierige Thema wieder aufgegriffen wird.

Der zweite Problembereich ist der zeitliche Aufwand für die einzelnen Hilfeleistungen dieser Initiative. Wir haben dieses Problem auf dem G-7-Treffen im Juni angesprochen. Die Einführung der flexiblen Erfüllungskriterien läßt sich als Kompromiß betrachten, einen schnellen Zugang zu Mitteln zu schaffen und gleichzeitig den sogenannten »moral hazard« zu vermeiden, der mit Schuldenerleichterungen ohne Auflagen verbunden ist.

Wenn dieser Mechanismus Konsistenz mit der HIPC-Zielsetzung der Armutsbekämpfung sicherstellen soll, müssen die Interimshilfen und »Frontloading«-Mechanismen genutzt werden. In diesem Zusammenhang beunruhigt mich die Tatsache, daß die Finanzierungsvereinbarungen im Rahmen der Initiative noch nicht abgeschlossen sind. Kürzlich erfuhren wir, daß die Uganda in den ersten Jahren im Rahmen der Enhanced-Initiative eingeräumten jährlichen Schuldenerlässe unter Umständen nur deshalb geringer ausgefallen sind (als man anläßlich der Jahrestagung der Weltbank und des IWF angenommen hatte), weil eine vollständige Finanzierung der Initiative noch nicht sichergestellt ist.

Dies stellt für die Initiative und die Bemühungen um eine Senkung der Armut eine große Gefahr dar. Schwer enttäuscht dürften die NGOs und andere Lobbygruppen gewesen sein, die sich mit großem Engagement um diese Verbesserungen der HIPC-Schuldeninitiative bemüht haben. Natürlich ist die Senkung der Schuldenerlässe für Uganda ein schwerer Schlag für die Pläne zur drastischen Erhöhung der Ausgaben für die Armutssenkungsprogramme. Darüber hinaus hat das Versäumnis des US-Kongresses, die Finanzierung für die Enhanced HIPC zu genehmigen, zu Unsicherheiten hinsichtlich der Terminierung der Schuldenerlässe geführt. Auf der Jahrestagung 1999 von IWF und Weltbank hatte der britische Schatzkanzler Gordon Brown erklärt, die Gewährung der Enhanced HIPC für Uganda sei nur eine Frage von Wochen. Inzwischen sind aber zwei Monate vergangen, und es sind mangels einer Finanzierungsregelung immer noch keine Fortschritte erzielt worden. Die Unsicherheit, die sich infolge dieses Finanzierungsproblems breitgemacht hat, behindert unser Haushaltssanierungsprogramm, zumal die entsprechenden Ministerien die Durchführung der Armutsbeseitigungsprogramme nicht planen können.

Der politische Wille zu spezifischen Bemühungen um eine Lösung der Schuldenfrage und des Armutsproblems wurde bereits bezeugt, und die Enhanced-

Initiative dürfte in diesem Stadium kaum scheitern. Ich bitte die internationale Staatengemeinschaft deshalb eindringlich, dieses Problem unverzüglich anzugehen.

Als letzten Punkt meines Vortrags möchte ich betonen, daß ein Schuldenerlaß allein die Tragfähigkeit der Auslandsschulden der HIPC-Länder nicht herstellen kann. Auch wird es nicht genügen, das Erreichen der für das Jahr 2015 gesetzten Entwicklungsziele zu sichern. Die Tragfähigkeit der Schuldenlast und eine Senkung der Armut werden erst dann erreicht, wenn die HIPC-Länder solide makroökonomische und strukturbezogene Wirtschaftspolitik verfolgen, um nachhaltiger Wachstum zu generieren. Ein anhaltendes Wachstum erhöht das Potential, die Auslandsschulden zu bedienen. Da dieses Wachstum breit angelegt ist, dürften somit auch die Armen an solchen Aktivitäten teilhaben, mit denen Leistungseinkommen erzielt und Verbesserungen in bezug auf die Einkommensverteilung und die Senkung der Armut erreicht werden.

Die wirkungsvollsten Mittel, die den HIPC-Empfängern zur Erzielung eines tragfähigen Wirtschaftswachstums zur Verfügung stehen, sind die Maßnahmen, die sie im eigenen Lande ergreifen. Ohne solide makroökonomische und strukturelle Maßnahmen läßt sich mit Schuldenerlässen allein kaum ein schnelles und breit angelegtes Wirtschaftswachstum erreichen. Ein realistischer Wechselkurs, eine angemessene Handels- und Steuerpolitik, ein Zuwachs der Exporterlöse und der Steuereinnahmen reichen jedoch auch im Falle von Schuldenerlässen nicht aus, um die Tragfähigkeit der Auslandsschulden sicherzustellen. Ein Wachstum ihrer Auslandserlöse können die Industrieländer nur sicherstellen, wenn sie die Handelsbarrieren für HIPC-Exporte senken. Ein Beispiel für kontraproduktive Maßnahmen der Industrieländer ist eine Gesetzgebung zur Handelsliberalisierung in den USA, die eigentlich dazu dienen sollte, Afrika zu unterstützen. So dürfen afrikanische Textilien nur ungehindert in die USA eingeführt werden, wenn sie mit amerikanischer Baumwolle hergestellt wurden. Dies ist der Gipfel der Scheinheiligkeit.

Mit Schuldenerlässen können jedoch durchaus über verschiedene Kanäle höhere Wachstumsraten erzielt werden, wenn sie von soliden Wirtschaftsmaßnahmen im Inland begleitet werden. Zum Beispiel kann die Finanzierung von Fortbildungsmaßnahmen aus Mitteln des Schuldenerlasses die Qualifikation von Arbeitskräften verbessern und damit die Versorgungsaufgabe der Wirtschaft erleichtern. Schuldenerlässe können auch den auf dem Haushalt lastenden Druck lindern und verhindern, daß unter Umständen kontraproduktive Steuersätze zur Anhebung des Steueraufkommens – insbesondere in Ländern mit einer schmalen Steuerbasis – eingeführt werden. Auch könnte es sonst zu einer überhöhten Kreditaufnahme auf dem Inlandsmarkt kommen, die zu einem Verdrängungswettbewerb mit dem privaten Sektor führen könnte.

Abschließend möchte ich meine Hauptthesen wie folgt zusammenfassen:

- Uganda hat eine umfassende Armutssenkungsstrategie zur bestmöglichen Nutzung der Mittel aus dem HIPC-Schuldenerlaß erstellt. Diese Strategie ist fester Bestandteil des Haushaltsplans und sichert unsere nachhaltige Verpflichtung zu makroökonomischer Stabilität und anhaltender Tragfähigkeit der Finanzlage.
- Trotz meiner Enttäuschung darüber, daß die Enhanced-HIPC-Initiative das Problem der Schulden gegenüber Nicht-OECD-Gläubigern nicht in adäquater Weise angeht, begrüße ich die neuen Entwicklungen.
- Die beschriebenen Verbesserungen der HIPC-Schuldeninitiative sind dringend notwendig. Die mit der Finanzierung der HIPC-Initiative verbundenen Schwierigkeiten *müssen* gelöst werden, da ohne eine verstärkte Inanspruchnahme der Interimshilfe *und* der Starterleichterungen eine Senkung der Armut durch die Enhanced-HIPC-Initiative fraglich ist.
- Die Enhanced-HIPC-Initiative stellt bei voller Implementierung und Finanzierung einen wichtigen Durchbruch bei den Bemühungen dar, die doppelte Problematik – Schuldenlast und Armut – zu lösen. Ich vertraue darauf, daß mit Hilfe des verbesserten HIPC-Rahmens die anhaltende Tragfähigkeit der Schulden sowie eine beschleunigte Armuts-

senkung erreicht werden können, sofern in den HIPC-Ländern selbst eine anhaltende umsichtige Wirtschaftspolitik betrieben und der Zugang zu den Märkten der Industrieländer erleichtert werden.

Diarmuid Martin

Schuldenerlaß: Hoffnungen und Perspektiven für die Zukunft

IN MEINEM BEITRAG möchte ich mit Blick in die Zukunft die Frage aufwerfen: »Welche Hoffnungen und Perspektiven sehe ich für einen Schuldenerlaß?«

Viele Menschen verstehen die Stellungnahmen des Papstes und des Heiligen Stuhls falsch, wenn sie meinen, der Papst träte für eine vereinfachte, bedingungslose »Schuldenamnestie« ein, in deren Rahmen alle Schulden der armen Länder anläßlich des Jubiläums 2000 mit einem Strich getilgt würden. Gestatten Sie mir ganz offen die Bemerkung: Wer dies behauptet, hat die Stellungnahme des Heiligen Stuhls offenbar nicht gelesen. Ja, wer dies behauptet, hat wahrscheinlich die biblische Sicht vom Jubeljahr, von der sich der Heilige Stuhl in weiten Teilen seiner Überlegungen zur Schuldenfrage leiten läßt, nicht richtig verstanden.

Das biblische Jubeljahr war ein Anlaß, nach Wegen zu suchen, die Gleichheit in der Gesellschaft wiederherzustellen und die Bürden, die zum Ausschluß geführt haben, hinwegzunehmen. Der Schuldenerlaß war nur ein Element des Jubeljahres und des damit verbundenen Programms. Es ging nie um einen Schuldenerlaß um des Schuldenerlasses willen. Schulden wurden erlassen und Entlastung geschaffen, um dem Ausgeschlossenen die Möglichkeit zu einem Neubeginn zu geben, um Gleichheit und Harmonie in den Beziehungen zwischen allen in der Gesellschaft wiederherzustellen.

Wer in der heutigen Welt im Zuge des Jubiläums eine vollkommene oder zumindest teilweise finanzielle Entlastung der ärmeren Länder von ihren Schulden fordert, tut dies in einem ähnlichen Geist. Eine Welt wie die unsrige, in der Ausgrenzung so weit verbreitet ist, wird nie richtig »global« sein. »Global« muß immer mehr als »Einschluß« verstanden werden.

Schuldenerlaß ist kein Selbstzweck. Er ist nur eine Dimension einer größeren Aufgabe, die unsere Welt herausfordert: *die Armutsbekämpfung*. Schuldenerlaß ist ein Teilziel. Das eigentliche Ziel, das es zu erreichen gilt, ist eine universale und umfassende Entwicklung auf der Grundlage des Einschlusses der ärmsten Länder und ihrer Bürger als Protagonisten und Partner. Schuldenerlaß und Armutsbekämpfung gehören daher zusammen, wie die erweiterten Initiativen zugunsten der schwer verschuldeten ärmeren Länder deutlich machen.

Sollen die ärmeren Länder in ihrem Kampf gegen Armut und Ausschluß Fortschritte erzielen, dann ist ein Schuldenerlaß dringend geboten. Deshalb müssen Schuldenerlaßprogramme so entworfen – und, wo notwendig, konsequent überprüft – werden, daß sie ein *höchst wirksames Mittel zur Armutsbekämpfung* darstellen. Wir werden noch Gelegenheit haben, die Implikationen dieser Aussage zu betrachten. Einige Mitglieder der Wirtschaftsgemeinschaft sind erst spät zu der Erkenntnis gelangt, daß die Verringerung der Armut für die ärmsten Länder einen Schuldenerlaß erforderlich macht. Mich stört allerdings ein wenig, daß sie sich nun offenbar vor den Folgen sträuben, weil sie meinen, in direkte Programme zur Armutsbekämpfung verstrickt zu werden, und deshalb ein »buchhalterisches« Schuldenerlaßmodell bevorzugen in der Hoffnung, daß es dann irgendwie zur Verringerung der Armut kommt.

Was mich betrifft, so besteht die dringlichste Herausforderung der nächsten Monate und Jahre in der Herstellung einer spürbareren Verbindung zwischen Schuldenerlaß und Armutsbekämpfung: *eine spürbare Verbindung durch einen innovativen Prozeß.*

Auf der einen Seite bin ich überzeugt, daß dies notwendig ist, um in den wohlhabenderen Staaten eine innenpolitische Legitimation für die Verwendung öffentlicher Gelder zur Finanzierung des Schuldenerlasses zu gewinnen und aufrechtzuerhalten. Die Tage, da sich unsere Bürger zurücklehnen und zusehen, wie öffentliche Gelder zum Fenster hinausgeworfen werden oder auf Konten von Persönlichkeiten im eigenen Land oder von korrupten Machthabern in Entwicklungsländern verschwinden, sind längst vorüber. Die Fehler der Vergangenheit (und dabei handelt es sich um Fehler beider, der Geber- und der

Empfängerländer – haben dem Image der Entwicklungspolitik schwer geschadet. Wer heute einen Schuldenerlaß fordert, muß auch darauf hinwirken und sicherstellen, daß der Schuldenerlaß zu einem spürbaren und quantitativen Fortschritt in der Armutsbekämpfung führt.

Es gibt aber noch triftigere Gründe, Schuldenerlaß und Armutsbekämpfung miteinander zu verknüpfen. Optimale Ausnutzung der begrenzten Mittel und deren Einsatz im Rahmen produktiver gesellschaftlicher Ausgaben sind ein Grundprinzip der modernen Entwicklungstheorie.

Ich möchte zwei entscheidende Trends dieser modernen Entwicklungstheorie aufgreifen und deutlich machen, wie sie auf die Schuldenfrage in Zukunft angewandt werden können.

Sozialer Zusammenhalt und Wirtschaftswachstum

Die menschliche und soziale Entwicklung und demzufolge die Verringerung von Armut sind nicht ohne anhaltendes Wirtschaftswachstum denkbar. Wirtschaftswachstum ist für die Schaffung von Arbeitsplätzen und Einkommen sowie für die Steigerung des allgemeinen Lebensstandards der Menschen und der ärmsten Nationen wesentlich. Wirtschaftswachstum setzt jedoch die fundamentalen Infrastrukturen für Investitionen und Wachstum voraus, und deshalb müssen die ärmsten Länder in ihrer Wirtschaft nachhaltige Strukturreformen durchführen. Gestatten Sie mir daher eine beiläufige, aber wichtige Bemerkung: Damit die ärmeren Länder ein Wirtschaftswachstum verzeichnen, müssen die wohlhabenderen Länder ihnen den Zugang zu ihren Märkten gestatten und einen fairen Wettbewerb auf einem offenen Weltmarkt zulassen, und zwar in den Sektoren, wo die ärmeren Länder im Vorteil sind.

Auch wenn anhaltendes Wirtschaftswachstum ein Erfordernis für die menschliche und soziale Entwicklung der ärmeren Länder ist, so führt es allein noch keine soziale Entwicklung oder lang anhaltende Verringerung der Armut herbei. Die Entwicklung muß umfassend sein, sie muß wirtschaftliche und soziale Ziele verbinden. Schuldenerlaß muß immer im Kontext eines umfassenden Entwicklungsprogramms stehen.

Wir müssen heute *die Verbindung zwischen dem Wirtschaftlichen und dem Sozialen* genauer betrachten. In einer auf Kenntnissen gegründeten Wirtschaft, in der die menschliche Fähigkeit im Mittelpunkt steht, sind die notwendigen Mittel zur Erzeugung von Wirtschaftswachstum und sozialer Entwicklung sehr oft dieselben. Aufgrund der Natur der modernen Wirtschaft ist für das Wachstum eine nachhaltige Investition in menschliche Fähigkeiten erforderlich. Das wertvollste Mittel jeder modernen Wirtschaft ist der Mensch mit seiner Kreativität und Fähigkeit zu Innovationen. Die Investition in Menschen ist daher sowohl ein soziales als auch ein wirtschaftliches Gut.

Das *Wirtschaftswachstum* hat neben strukturellen wirtschaftlichen Voraussetzungen demnach auch *gewisse soziale Voraussetzungen*, die leicht übersehen werden. Anhaltendes, langfristiges Wirtschaftswachstum setzt sozialen Zusammenhalt und gewisse gut funktionierende soziale Infrastrukturen voraus. In der Vergangenheit hat man im Zuge wirtschaftlicher Anpassungen und Übergänge oft die sozialen Infrastrukturen nicht ausreichend berücksichtigt. Wenn ich von sozialen Infrastrukturen spreche, dann meine ich jene Rechts-, Verwaltungs- und Regierungsstrukturen, ohne die die Wirtschaft nicht funktionieren kann.

Strukturen allein reichen aber nicht. Es bedarf auch einer Änderung der Kultur und vor allem kompetenter Führungspersönlichkeiten, die durch ihre Tätigkeit eine neue Kultur schaffen – eine Kultur, die von Unternehmensgeist, Transparenz, Einhaltung der gesetzlichen Vorschriften und Ablehnung von Korruption geprägt ist. Eine solche Kultur, die für das Funktionieren sozialer Infrastrukturen erforderlich ist, entsteht nicht über Nacht, vor allem nicht, wenn viele der ärmeren Länder gerade eine Diktatur oder längere Konflikte hinter sich haben und wenn es an entsprechenden Persönlichkeiten fehlt. Schuldenerlaß darf daher weder mit Moralpredigten über Transparenz und zuverlässige Regierung noch mit einer Verurteilung der Mißstände einhergehen, sondern muß von technischer Hilfe und Entfaltung der Fähigkeiten begleitet sein. Wir sind damit wieder bei der Investition in Menschen angelangt.

Die Strukturangleichungsprogramme konzentrierten sich in der Vergangenheit nur allzuoft ausschließlich auf umfassende makroökonomische Maßnahmen und schenkten der Verbesserung der Kapazitäten einer Nation durch Investition in menschliche Fähigkeiten und Aufbau von sozialen Infrastrukturen zuwenig Aufmerksamkeit. Eine Wirtschaftsreform bzw. ein Angleichungsprogramm, das sich auf diese wenigen, aber zum Aufschwung einer krisengeschüttelten Wirtschaft erforderlichen Faktoren und insbesondere auf die Investition in Menschen und menschliche Fähigkeiten beschränkt, wäre in der Tat kurzsichtig.

Demokratische Gesellschaften mit Bürgerbeteiligung

Das ausdrückliche Ziel der Entwicklungspolitik der meisten Geberländer hat sich in den letzten Jahren, insbesondere seit dem Ende des Kalten Krieges, geändert. Heute würden nur einige Länder offen zugeben, daß hinter der Entwicklungspolitik eigene nationale Interessen oder der Gewinn – und weniger der »Kauf« von strategischen Verbündeten standen. Ich bin jedoch nicht so naiv, mir nicht vorstellen zu können, daß, auch wenn man es nicht sagt, sogar in einer globalisierten Welt eigene nationale Interessen weiterhin eine entscheidende Dimension der Politik ausmachen. Die staatliche Entwicklungshilfe ist dafür ganz besonders anfällig. Daß man über das undemokratische und der Marktwirtschaft widersprechende Verhalten eines Partners hinwegsieht und ein Auge zudrückt, gehört nicht der Vergangenheit an, wenn nationale wirtschaftliche Interessen – oder ein gewichtiges privates Interesse der Wählerschaft – auf dem Spiel stehen.

Ausdrückliches Ziel der heutigen Entwicklungspolitik ist natürlich, wie wir gesehen haben, die Verringerung der Armut, aber auch die »Errichtung demokratischer, sich selbst tragender Gesellschaften mit Bürgerbeteiligung«. Ich möchte nun auf dieses zweite Ziel zu sprechen kommen.

Wenn Demokratie und Beteiligung gleichsam Prinzip und Ziel jeder Entwicklungspolitik sind, dann sollten die Mittel zur Erreichung dieses Ziels ebenfalls auf Demokratie und Beteiligung ausgerichtet sein. Bilaterale und multilaterale offizielle Kredite an Regierungen souveräner Staaten werden notwendig sein. Souveränität besitzen aber nicht die Regierungsmitglieder, sondern die Menschen eines Landes. Es führt kein Weg daran vorbei: Wir müssen der Ermöglichung und Erleichterung einer angemessenen Beteiligung der Bürger der Empfängerländer an Entscheidungen, welche die öffentlichen Anleihen, Kredite und Ausgaben betreffen, eine größere Aufmerksamkeit schenken.

Wirtschaftsfragen beeinflussen das Leben des gewöhnlichen Staatsbürgers. In der Bevölkerung wächst das Unbehagen darüber, daß sie in die Entscheidungsprozesse im wirtschaftlichen Bereich nicht eingeweiht wird. Weitverbreitetes Unbehagen in der Bevölkerung bildet jedoch eine Gefahr für die Demokratie. Weitverbreitetes Unbehagen in der Bevölkerung mag vielleicht irrational sein. Um so dringlicher ist daher die Aufgabe, es zu überwinden: Eine irrationale Gefahr für die Demokratie ist auch leichter auszunutzen als eine rationale.

Der erforderliche Mechanismus zur Gewährleistung, daß die durch den Schuldenerlaß gewonnenen Gelder auch der Verringerung der Armut dienen, muß die Menschen und die Zivilgesellschaft des Landes einbeziehen. Der Schuldenerlaß wurde herkömmlich und nur allzulang hinter verschlossenen Türen von den Beamten des Finanz- oder Schatzministeriums gemanagt. Nicht der »Staat« soll sich die Schuldenerlaßstrategien »zu eigen machen«, sondern die »Öffentlichkeit« des Landes.

Das wiederum wird nicht erreicht durch eine Änderung der Politik und einen Federstrich. Die Mischung von »Schuldenerlaß und Armutsbekämpfung« macht in erster Linie die Einbeziehung vieler Regierungsbereiche erforderlich. Das Finanzministerium kann nicht seine eigenen Strategien im Bildungs- und Gesundheitswesen verfolgen. Der Entwurf und die tatsächliche Überprüfung solcher Strategien müssen andere und unweigerlich die Zivilgesellschaft einbeziehen, wie es in dem vom Interims- und Entwicklungsausschuß der Weltbank und vom Internationalen Währungsfonds vorgelegten Entwurf von »Strategiepapieren zur Armutsbekämpfung« heißt.

Wo möglich sollten Wege gefunden werden, um die

Gelder, die zur Schuldentilgung aufgewendet wurden, speziellen Fonds zuzuleiten, welche die Investition im Bildungs- und Gesundheitswesen sowie im Bereich der Infrastruktur abdecken. Auch Vertreter der Zivilgesellschaft sollten die Verwendung dieser Fonds überprüfen können. Wenn wir von Effizienz bei den sozialen Ausgaben sprechen, dürfen wir nicht nur auf das schauen, was in den Regierungsministerien oder in der Hauptstadt geschieht, sondern müssen berücksichtigen, was in den Gemeindeverwaltungen vor sich geht. Die Erfahrung der Gemeinden muß quantifiziert und bei der Bewertung der nationalen Sozialpolitik verwendet werden.

Wir müssen aber, um es noch einmal zu sagen, realistisch sein. Die schwer verschuldeten und armen Länder besitzen nur allzuoft ein Demokratiedefizit und ein Defizit in der Zivilgesellschaft. Darüber hinaus sorgen sich nicht alle Regierungen der Empfängerländer um die Einbeziehung der Zivilgesellschaft.

Bemühungen zum möglichst schnellen Aufbau der Zivilgesellschaft in den Entwicklungsländern sind erforderlich, damit sich die Einbeziehung der Zivilgesellschaft nicht auf den Einfluß internationaler NGOs beschränkt, was weder repräsentativ noch demokratisch wäre.

Von außen auferlegte Reformprogramme werden nur einen begrenzten Erfolg haben. »Aneignung« durch die Länder und ihre Bürger ist eine wesentliche Dimension der Anpassung und des Übergangs. Wenn Menschen dies wissen und überprüfen können, werden sie auch große soziale Kosten hinnehmen. Wenn wir Menschen helfen, sich zu beteiligen, haben wir unseren Beitrag zur Errichtung demokratischer Gesellschaften mit Bürgerbeteiligung geleistet.

Nachdem wir diese beiden Aspekte einer modernen Entwicklungstheorie betrachtet haben, wird sich der eine oder andere vielleicht fragen: Macht das alles den Schuldenerlaß nicht eher komplizierter und in der Tat noch unbeliebter? Wird damit über die herkömmlichen Bedingungen für eine Wirtschaftsreform hinaus nicht noch eine weitere Auflage, nämlich eine soziale, gemacht? Sind soziale Bedingungen nicht schwerer zu überprüfen und daher leichter zu manipulieren oder nach politischer Zweckmäßigkeit zu beurteilen? Wäre es nicht besser, die ganze Frage doch wieder streng auf ihre wirtschaftliche Seite zu beschränken?

Der Prozeß, den ich kurz umrissen habe, ist sicherlich anspruchsvoller. Wirtschaftsreformen in so vielen Regionen der Welt sind deshalb gescheitert, weil *man nicht die Notwendigkeit erkannt hat, die menschlichen Fähigkeiten, die sozialen Infrastrukturen und eine lebendige und repräsentative Zivilgesellschaft zu stärken.*

Wir haben nun die Chance, Schuldenerlaß, Armutsverringerung, Fähigkeitsbildung und Beteiligungsdemokratie wirklich miteinander zu verbinden. Diese optimale umfassende Mischung kann gewährleisten, daß wir nicht in die gleiche Lage wie vor einigen Jahren zurückfallen. Sie ist ein Beitrag, die ärmeren Länder zu Partnern und Protagonisten eines neuen umfassenden Projekts zu machen. Die Alternative besteht darin, eine Kultur der Abhängigkeit und der finanziellen staatlichen Hilfeleistungen aufrechtzuerhalten und es nicht repräsentativen Mafias zu erlauben, in einem Netz von Unklarheit und Gesetzeslücken aufzublühen.

Ich möchte mit zwei Appellen schließen. Der eine richtet sich an die Entwicklungsländer, der andere an die Industriestaaten.

An die Entwicklungsländer richte ich den eindringlichen Appell, sich mit der Frage der Militärausgaben auseinanderzusetzen. Konflikte und Krieg sind eine der Hauptursachen für anhaltende Armut. Es sollte sicherlich möglich sein, eine klare und akzeptable Höchstgrenze der Militärausgaben eines Staates zu vereinbaren. Sollte ein Staat diese Höchstgrenze überschreiten, wäre er automatisch von der normalen Entwicklungshilfe ausgeschlossen. Über eine solche Obergrenze könnten sich die Nachbarstaaten einer bestimmten Region gemeinsam freiwillig verständigen.

An die Industriestaaten appelliere ich, sie mögen sicherstellen, daß die für den Schuldenerlaß versprochenen Gelder möglichst bald bereitgestellt werden, damit der augenblickliche Vorstoß nicht umsonst war und die bereits entworfenen Maßnahmen zugunsten hochverschuldeter ärmerer Länder (HIPC) rasch vorankommen. Versprechen müssen hier Wirklichkeit werden.

Das soll aber nicht auf Kosten anderer wesentlicher

Ziele der Entwicklung gehen. Dringend notwendig ist die Bereitstellung neuer Finanzmittel für die Entwicklung – auch durch die angemessene Einbeziehung des Privatsektors, um sicherzustellen, daß die ärmeren Länder, auch wenn ihre derzeitigen Schuldenprobleme gelöst sind, eine klar ausgerichtete zusätzliche Hilfe erhalten. Diese soll sie in die Lage versetzen, die Reformen, die sie, oft verbunden mit hohen Kosten für die Ärmsten ihrer Gesellschaft, in die Tat umzusetzen begonnen haben, zu tragen, und einen nachhaltigen und dauerhaften Kampf gegen Armut sicherstellen.

Wenn wir diesen Weg konsequent und mutig gehen, werden wir einmal sagen können, daß unsere Generation einen wirklichen Beitrag zu einer Welt mit geringerer Armut, zu einer Welt mit ein wenig mehr Hoffnung geleistet hat. In diesem Sinne würde das neue Jahrtausend wirklich für alle als Jubiläumserfahrung beginnen.

Rolf-E. Breuer

Erinnern und Gestalten

OFFENBAR IST EINIGEN wenigen Persönlichkeiten bereits in ihrer Art die Begabung anvertraut, auch herkömmlichen Begriffen einen neuen, originellen Inhalt mitzugeben. Was bei anderen formelhaft oder abgedroschen klingt, ist bei jenen bedeutend und echt. Worauf beruht diese besondere Auszeichnung? Sie geht auf die Lebenseinstellung und Lebensweise zurück. Hieraus gewinnen einzelne Persönlichkeiten ihre Glaubwürdigkeit und Autorität. Während andere ins Modische ausweichen, stehen jene fest auf dem Grund ihrer Einsichten und Überzeugungen. Aufgrund dieser Haltung wird ihnen auch abgenommen, daß sie sich, neben den Forderungen des Tages, auch mit dem auseinandersetzen, was alle angeht oder alle angehen sollte.

Es sind unter diesen Persönlichkeiten wiederum sehr wenige anzutreffen, die sich gleichermaßen qualifiziert wie entschlossen auch der Neubestimmung der großen Themen und Motive unseres Zusammenlebens zuwenden. Sie vermitteln für Begriffe wie Ordnung, Verantwortung oder auch Zukunft tatsächlich ein neues Verständnis. Indem sie sich mit diesen oder anderen allgemeinen Begriffen beschäftigen, wirken sie auch auf andere aktivierend und wegweisend. – Auf diese Weise zu führen ist die besondere Fähigkeit und die besondere Pflicht dieser Menschen.

Nicht nur aus Sicht der Deutschen Bank, sondern auch aus der Sicht der deutschen Wirtschaft, der Politik und unserer Gesellschaft hat Alfred Herrhausen die Erfüllung dieses Anspruchs auf besondere Weise verkörpert. Er hat seinen Ernst und seine Weitsicht sowie seine Leidenschaft und Überzeugungskraft im Rahmen seines beruflichen wie gesellschaftlichen Wirkens stets eindrucksvoll unter Beweis gestellt.

Inzwischen hat sich zum zehntenmal der Tag gejährt, an dem er heimtückisch getötet wurde. In der Traueranzeige formulierte der Vorstand der Deutschen Bank damals: »Er fühlte sich verantwortlich für das Ganze. Er hatte die Fähigkeit und den Mut, dieser Verantwortung zu leben.« – Unter Würdigung seiner Lebenshaltung ließe sich ergänzend folgendes sagen: Alfred Herrhausen hat das Prinzip Verantwortung erkannt und gelebt – durch seinen Lebensentwurf, durch den Lebenslauf und auf tragische Weise auch durch seinen Tod.

Die von ihm verfaßten Stellungnahmen in den Geschäftsberichten der Deutschen Bank für die Jahre 1980 bis 1988 behandeln viele wesentliche Fragen von Wirtschaft und Gesellschaft. Obwohl – bescheiden – als »Stellungnahme« ausgewiesen, handelt es sich um mehr als bloße thematische Bemerkungen.

Was dort kunstvoll und in sicherem Stil zum Ausdruck kommt, sind eigene Erfahrungen und Anschauungen. Bereits in der Auswahl der Themen und Gegenstände zeigt sich der Blick fürs Ganze. Hierin liegt auch ihr bleibender Wert. Denn die Themen selbst spiegeln die wirtschaftspolitischen Aufgaben der achtziger Jahre wider und sind durchaus das Kind ihrer Zeit.

*

Sind die Fragen, die Herrhausen bewegten, aus der Zeit gekommen? Nur auf den ersten Blick. Die meisten der von ihm behandelten Themen reichten über die Bedeutung des Tagesgeschäfts weit hinaus. Ihm war klar, daß die Herausforderungen des Alltags Ausformungen einer großen Linie, gewissermaßen Wortwechsel im großen Streit konkurrierender Weltentwürfe sind. Zu diesen zugleich konkreten wie beispielgebenden Themen gehörten der Wettbewerb der Ordnungs- und Wirtschaftssysteme, die Aufgaben und der Wirkungsumfang des Staates, die Entwicklung im damaligen »Ostblock«, die Einigung Europas, die unheilvolle Schuldenspirale der Dritten Welt, die Zukunft der Arbeit sowie der Erhalt der Umwelt. Immer wieder führte er diese Fragen auch auf ihre gedanklichen Ursprünge zurück: auf die Differenzierung der sozialen Lebensverhältnisse und den Wertewandel, auf das ewige Wechselspiel aus Verantwortung und Freiheit; oder auf den technologischen Wandel.

Bei näherem Hinsehen zeigt sich aber, daß die

Weite des Blicks nicht zu Lasten der Schärfe ging. Alle seine Beiträge waren vor allem Lösungsbeiträge! An drei Fragen wird deutlich, wie schwer wir uns noch heute tun, das Richtige nicht nur zu erkennen, sondern es in die Tat umzusetzen: die Reform des Sozialstaats, die Zukunft der Arbeit und der technologische Wandel.

Mehr oder weniger Staat, das sei die Frage, die wir entscheiden müssen, hatte Herrhausen salopp formuliert. Er fürchtete, daß wir letztlich doch den Weg der Ausweitung der Staatskompetenz gehen würden, weil die Kritik an dem »neokapitalistischen« Kurs ihr beifälliges Publikum habe, obwohl durch die Praxis der siebziger Jahre die immanenten Fehlschlüsse einer Politik wachsender Staatseingriffe für jeden offensichtlich geworden wären. Herrhausen formulierte vor 13 Jahren den Anspruch, den Staat wieder an den Prinzipien der sozialen Marktwirtschaft eines Ludwig Erhard auszurichten und ihnen neu zum Durchbruch zu verhelfen. Ob wir diesen Prinzipien heute gerecht werden, darüber gab es auch während des 100. Geburtsjahres Ludwig Erhards im Jahre 1998 keinen Konsens.

Auf den ersten Blick ist nicht zu erkennen, daß der Sozialstaat in eine materielle Krise gestürzt wäre. Es gelingt ihm nach wie vor, den größten Teil der Bevölkerung in Deutschland am Wohlstand zu beteiligen. Uns geht es – im Durchschnitt – gut. Besonders die Jüngeren profitieren sowohl von den öffentlichen Investitionen ihrer Elterngeneration als auch von einer demographischen Konstellation, die gerade heute hohen Wohlstand ermöglicht. Selbst die Höhe der Staatsschulden liefert noch keinen schlüssigen Beweis, daß wir »zuviel Staat« hätten. Zwar stellt der Zinsendienst auf diese Schulden eine Belastung der öffentlichen Haushalte dar, aber die absolute Höhe der Schulden muß im Verhältnis zum Vermögen gesehen werden. Der Staat steht hier nicht schlecht da, denn seine Reserven übersteigen die Schulden. Selbst am öffentlichen Haushaltsdefizit können wir die Krise des Staates noch nicht erkennen.

Genauer betrachtet, wird jedoch auf dramatische Weise deutlich, daß wir heute weit über unsere Verhältnisse leben. Jeder von uns trägt gewissermaßen einen ungedeckten Schuldschein des Staates in der Tasche, nämlich die Erwartung, in Alter und Krankheit in Zukunft mit den gleichen staatlichen Leistungen versorgt zu werden, die wir heute mit unseren Steuern und Beiträgen ermöglichen. So gesehen, ist der Staat viel höher verschuldet, als gemeinhin angenommen wird, nämlich implizit. Wir merken heute von dieser Herausforderung nichts, weil die dafür verantwortliche demographische Entwicklung – Geburtenrückgang und Steigerung der Lebenserwartung – nicht allmählich, sondern in ungefähr 15 Jahren sehr plötzlich zu einer starken Reduktion der Einnahmen des Staates und einem Ansteigen seiner Ausgaben führen wird. In einer solchen Situation müßte heute für zukünftiges Wachstum und zukünftige Erträge investiert werden; tatsächlich gehen die staatlichen Investitionen – besonders in den Bereichen Bildung, Infrastruktur, Gesundheit und Außenbeziehungen – zugunsten staatlicher Konsumption zurück. Wir alle binden dem Staat die Hände, indem wir übertriebene Ansprüche an ihn stellen.

Vor 15 Jahren analysierte Herrhausen bereits, daß ein Gemeinwesen, das die Zwänge der Demographie nicht erkenne, einer Sozialstaatsillusion verfalle, bei der man die zukünftigen Zahlungsverpflichtungen auf die jeweils gegenwärtige Periode nicht diskontiere. Das führe zu falschen Entscheidungen über Konsum und Kapitalbildung, verstärkt durch die Neigung der Menschen, heutigen Verbrauch höher zu schätzen als späteren. Kurzum: das gesunde rechte Maß zu verlieren. Er sagte deswegen: »Ich votiere für weniger Staat in der Sozialpolitik. Ich votiere für mehr Verantwortung, wo immer sie möglich ist.« Dieses Votum bleibt richtig.

*

Auch in der Arbeitswelt ist eigene Verantwortung eine notwendige Stütze für eine gut funktionierende Gesellschaft. Alfred Herrhausen hat sich und uns oft die Frage nach der Zukunft dieser Arbeitswelt gestellt. Unsere Gesellschaft sei eine Arbeitsgesellschaft, und dies im fundamentalen Sinn: Wir lebten seit der Herausbildung der modernen Industrie in einer mit Arbeit befaßten, von ihrer Rationalität und ihrer Teilung vorangetriebenen und von Arbeitskonflikten oftmals erschütterten Erwerbsgesellschaft. Die demographischen und industriellen Strukturen des 19. Jahrhunderts bestimmten weiterhin den Organisationsmodus gesellschaftlicher Arbeit. Zwang zur Lohnerhöhung sei das Mittel gegen weitverbreitete Armut gewesen; der Dauerarbeitsplatz die Antwort auf den Wunsch nach Sicherheit. Herrhausen fragte, ob diese Strukturen noch die gleiche Berechtigung hätten. Könne der Gesellschaft möglicherweise die Arbeit ausgehen? Sei diese Frage überhaupt berechtigt?

Die Teilung der Arbeitswelt in abhängige Arbeitskraft und arbeitgebendes Kapital war immer schon ein Merkmal vor allem großer Unternehmen, in denen diese beiden Funktionen sich ausdifferenziert hatten. Unternehmertum verkörpert seit jeher die Einheit von Arbeit und Kapital und bewirkt damit auch eine enge Identifikation mit der Arbeit. Begünstigt durch die technikorientierten Neugründungen, hat sich in den letzten Jahren das Leitbild des selbständigen Unternehmers, der Firmen gründet und damit Wachstum und Arbeitsplätze schafft, in Deutschland verstärkt durchgesetzt.

Unter den besonders hoch qualifizierten Hochschulabsolventen, die noch vor wenigen Jahren für einen Karriereeinstieg in das Investmentbanking Schlange standen, wollen viele für kleine, junge Unternehmen arbeiten. Sie bevorzugen den informellen Stil, der dort herrscht, die Möglichkeit, sofort eigene Verantwortung zu übernehmen, und das Angebot, an der Firma beteiligt zu sein. Beteiligung drückt sich dabei nicht nur in Mitarbeiteraktien oder Aktienoptionen aus. Es ist vor allem die Teilhabe an der unternehmerischen Freiheit, die hier ihre Anziehungskraft ausübt.

Zum Teil als Antwort auf diese Entwicklung, zum Teil aus der Erfahrung, daß Mitarbeiter mit mehr Verantwortung auch mehr Leistung bringen wollen, haben sich auch in den großen Unternehmen die »Fronten« zwischen Kapital und Arbeit stärker aufgelöst, als die Institutionen der Tarifautonomie vermuten lassen würden. Auch hier besitzen die Mitarbeiter die Möglichkeit, Eigentum an ihrem Unternehmen zu erwerben. Das wichtigste Wirtschaftskapital investiert aber ohnehin jeder selbst. Anders ausgedrückt, am Humankapital – also den Fähigkeiten und Erfahrungen ihrer Mitarbeiter – sind die Unternehmen nur mittelbar beteiligt.

Das Humankapital der Mitarbeiter ist heute der entscheidende Wettbewerbsvorteil. In ihm drücken sich Erfahrung und die Bereitschaft aus, immer wieder neue Erkenntnisse zu gewinnen und effizient einzusetzen. »As the world becomes faster moving, companies will stay ahead not with proprietary technology, but with a constant flow of new technology and ideas. Employees will be valued for what they *can* produce, not for what they *have* produced«, sagt Esther Dyson, eine genaue Beobachterin der sogenannten »new economy« des Internets.

Dieser konstante Fluß neuer Technologien kann den Eindruck wecken, daß uns die Arbeit ausgeht. Denn Unternehmen, die an einem Altarm dieses Flusses liegen, werden im Wettbewerb um die Gunst des Kunden zunächst weniger und dann gar keine Arbeitsplätze anbieten können – sie werden buchstäblich brachliegen. Die anhaltende Unfähigkeit unseres Arbeitsmarktes, einem großen Teil unserer Bevölkerung Arbeit zu geben, bereitete schon Herrhausen große Sorge. Daß es sich dabei etwa nicht um ein grundsätzliches Problem von modernen Industriestaaten handelt, zeigt das Beispiel der USA, wo es Bundesstaaten gibt, deren größtes wirtschaftliches Problem der Mangel an Arbeitskräften ist – freilich unter weitgehendem Verzicht auf ein Normarbeitsverhältnis. Die Vorstellung, daß der technische Fortschritt auf Dauer und für die Volkswirtschaft als Ganzes Arbeitslosigkeit schaffen würde, stellte Herrhausen jedenfalls fest, sei nach 200 Jahren anhaltender technologischer Evolution, in der gleichzeitig Millionen von Menschen zusätzlich Arbeit gefunden haben, absurd. Bestimmte Arten von Arbeit verschwinden durch den technologischen Wandel, andere Arten entstehen neu. Über den Saldo entscheidet vor allem unsere Einstellung zu diesem Wandel.

*

In allen Industrienationen vollzögen sich seit einigen Jahren tiefgreifende Veränderungen, Entwicklungen, die in ihrer Gesamtheit eine neue Epoche wirtschafts- und gesellschaftspolitischer Grundbefindlichkeiten bewirken können, glaubte Herrhausen. Heute stehen wir bereits mit beiden Beinen in dieser Epoche. Der

Übergang zur Informationsgesellschaft oder zur postindustriellen Gesellschaft revolutioniert ganze Industrien, verlangt eine Neuvermessung von Märkten und erzwingt, die Grundlagen und Konzepte des Wettbewerbs völlig neu zu bewerten. Wem es schnell und erfolgreich gelingt, sich auf das Internet, den E-Commerce oder den Einsatz virtueller Arbeitsmöglichkeiten einzustellen, dem öffnen sich grandiose wirtschaftliche und persönliche Chancen.

Für den technologischen Wandel gibt es durchaus historische Parallelen. Herrhausen fand, die Elektronik unterstütze und verstärke die *mentalen* Leistungen des Menschen, wie seinerzeit die industrielle Revolution des vorigen Jahrhunderts die *körperliche* Leistungsfähigkeit vervielfacht habe. Und die Erkenntnis, mit welchen tiefgreifenden sozialen und politischen Folgen dies damals verbunden gewesen wäre, gebe einen Hinweis auf die gesellschaftspolitische Problemrelevanz heute. Nicht wenige Aspekte dieser Entwicklung sind jedoch in ihrem Wesen neu.

Kennzeichnend für die Kommunikation mit den neuen Mitteln der Technik ist, daß sie nicht passiv, sondern aktiv verwendet werden. Sie werden in dem Maße aktiver, je mehr Benutzer sich daran beteiligen. Der Informationsnutzen des Internet ist daher relativ, und er steigt, je größer die Anzahl der Benutzer und je aktiver deren Anwendungsverhalten ist. Das führt paradoxerweise zu einem »zunehmenden Grenznutzen«, beispielsweise auf den neuen Marktplätzen im Internet, auf denen Produzenten und Großhändler

Kupfer, Diamanten und andere Waren, andererseits aber auch Konsumenten Autos, Flüge und sogar gebrauchte Gegenstände second-hand handeln können.

Solange nur wenige diese Möglichkeit einsetzen, kann es sich immer nur um ein zusätzliches Mittel der Kommunikation handeln. Heute findet in der Deutschen Bank mehr Kommunikation über das Internet statt als über irgendeine andere Form bis auf das persönliche Gespräch. Die Produktivität der Arbeit wird gesteigert, weil wir jetzt gewissermaßen gleichzeitig an mehreren Orten tätig sein können. Das Internet erlaubt, daß jeder Mitarbeiter auch auf einer Dienstreise an seinem heimischen Arbeitsplatz nahezu präsent ist. Schließlich können wir auch lange Dokumente müheloser verschicken als jedes Faxgerät oder jeder Kurierdienst. All diese Vorteile sind aber um so mehr verfügbar, je mehr wir davon ausgehen können, daß im Geschäftsleben jede Person – im Privatleben sind es noch vor allem die Jungen – über einen Anschluß an das Internet verfügt.

Die entscheidende qualitative Veränderung der Informations- und Kommunikationstechnologie liegt darin, daß sie die individuelle Wahlfreiheit des Verbrauchers in einem wahren Quantensprung verstärkt. Erstmals springt die revolutionäre Veränderung, die von der Einführung einer Technologie ausgelöst wird, nicht von den Unternehmen auf den Verbraucher über, sondern diesmal vollzieht es sich umgekehrt. Dem Kunden sind durch die Informationstechnologie Mittel an die Hand gegeben, mit denen er direkten Einfluß auf den Vertrieb von Wirtschaftsgütern und letztlich auf das Produkt selbst erhält. Ein gutes Beispiel ist der Vertrieb von Musik. Millionenfach werden heute Musikstücke bereits direkt vom Internet geladen. Über die Website broadcast.com erhält jedermann Zugang zu praktisch allen Radioprogrammen der Welt. Natürlich gibt es inzwischen auch weltweit funktionierende Basare, auf denen in Sekunden praktisch jedes Produkt gehandelt wird – allerdings von Privat zu Privat, so daß den Unternehmen gerade noch die Funktion bleibt, die Handelsplattform zur Verfügung zu stellen. Und für rund 50 Dollar läßt sich am heimischen Computer Software installieren, die das Einblenden von Werbung auf den Internet-Seiten unterbindet. Daß dies ganze Marketing- und Werbestrategien von Unternehmen durchkreuzen kann, bedarf keiner näheren Begründung.

Der digitale Markt ist eine Welt für sich, der eigene Strukturen, eigene Institutionen und eigene Erfolgsfaktoren fordert. Nicht jedes traditionelle Unternehmen wird deswegen überflüssig, aber ein Unternehmen, dem die Fähigkeit zur Anpassung an den technologischen Wandel fehlt, wird sich der Übermacht des Wettbewerbs nicht erwehren können. In einem Beitrag über das Persönlichkeitsprofil eines Spitzenmanagers aus dem Jahre 1972 hat Alfred Herrhausen angemerkt, daß in den Phasen rasanter Veränderung vor allem eines verlangt sei: Wachheit. »Solche Wachheit setzt Zeitverständnis voraus, ein klares Erkennen der geistigen, politischen und wirtschaftlichen Strömungen unserer Tage, Einfühlungsvermögen und zugleich kritische Distanz.« Diese Wachheit muß heute jeder Manager vor allem dem Bereich der Informationstechnologie widmen.

*

Für Herrhausen war das herausragende Ziel, die Gesellschaft so flexibel wie möglich zu halten, damit sie sich den jeweiligen Entwicklungen gemäß verhalten, also anpassen könne. Das ist denn auch die Kategorie, die den drei Themen Staat, Arbeit und technologischer Wandel ihren inneren Zusammenhang gibt. Der technologische Wandel fordert die Wirtschaftsteilnehmer zu einer zunehmenden Flexibilität heraus. Diese Flexibilität können vor allem solche Unternehmen leisten, die entweder klein und wendig sind oder wie kleine und wendige Unternehmen ein hohes Maß an Identifikation und unternehmerischer Freiheit erlauben, bei denen die Arbeit also von Verantwortung geprägt wird. Aber auch gegenüber dem Staat gibt nur ein hohes Maß an Eigenverantwortung der Bürger diesem die notwendige Flexibilität. Denn mehr Flexibilität gewönnen wir dadurch, schlug Herrhausen vor, daß wir individueller Verantwortung den Vorzug vor kollektiver Verantwortung gäben, weil kollektive Verantwortung immer organisiert und administriert werden müsse, individuelle hingegen nicht. Aus diesem inneren Zusammenhang der drei Themen ergeben sich Forderungen für die Führung von Unternehmen, für die Gestaltung der Arbeitswelt und für unsere Erwartungen an den Staat.

Durch das Nebeneinander von neuen, internetbasierten und den traditionellen Organisationsformen der Unternehmen treten völlig unterschiedliche Konzepte des Wirtschaftens in einen direkten Wettbewerb. Während die Informationstechnik früher vor allem zur Produktivitätserhöhung und Kostensenkung im Back Office eingesetzt wurde, erlangt sie nun eine starke strategische und unmittelbar geschäftliche Dimension. Gerade deswegen ist die Informationstechnologie ein Mittel der Unternehmensführung und nicht ihr Ziel. Sie muß in die Unternehmensstrategie integriert werden. Sonst besteht die Gefahr, daß unternehmerisches oder gar gesellschaftliches Handeln als eine Ableitung der technischen Möglichkeiten angesehen wird. Das Umgekehrte ist jedoch richtig. Die technischen Plattformen, das Design von Anwendungen und »IT-gestützten Arbeitsabläufen« verändern die Institutionen, mit denen wir der Befriedigung der menschlichen Bedürfnisse nachgehen. Sie ändern jedoch nicht die menschliche Natur selbst.

In den Unternehmen muß die technische Bereitstellung von Informationen daher stets mit ebenso intensiven Bemühungen einhergehen, auch die Lernfähigkeit und Fortbildungsbereitschaft der Mitarbeiter wachzuhalten und zu fördern. In den Infopools, Intranets, den E-Mails, aber eben auch im Internet türmt sich eine unfaßliche Menge an rohem und ungeschliffenem Informationsmaterial. Kritisch zuspitzen, zweifelnd betrachten, klug fragen zu können wird immer schwieriger, je mehr Informationen vorhanden sind. Das gilt aber nicht nur für die Arbeitswelt, sondern auch für die Gesellschaft insgesamt. Der Herausforderung der revolutionären Entwicklung in der Kommunikations- und Telekommunikationsbranche werden wir nur entsprechen können, wenn die Menschen diese Technik mit Interesse an ihrer Anwendung, mit Neugier gegenüber ihrer Weiterentwicklung und mit Freude auf die zusätzlichen Möglichkeiten verbinden.

Denn um nicht wie im »Zauberlehrling« an einer selbst verursachten Informationsflut unterzugehen, brauchen wir die Fähigkeit zu lernen, uns anzupassen – kurz: eine Bildung, die der Technik gewachsen ist. Konrad Adam warnt: »Je höher sich der von Jacob Burckhardt so genannte Tatsachenschutt auftürmt, desto konsequenter wird das Werkzeug verweigert, zwischen Wissensmöglichem und Wissenswertem zu unterscheiden, und der Spezialist, definiert als akademischer Krüppel, der sich an irgendwelchen Spezialschriften blind und taub gelesen hat, ist der letzte Typ, auf den sich diese Art von Bildungsphilosophie noch verständigen kann.« Damit diese skeptische Annahme nicht wahr wird, sondern die Unterscheidung zwischen Wissensmöglichem und Wissenswertem als Fähigkeit verfeinert wird, brauchen wir einen Bildungsbegriff, der neben dem klassischen Kanon auch die Anwendung und Bedeutung – und auch die Begrenztheit – der neuen technologischen Möglichkeiten umfaßt.

Solche Bildung gewährleistet Flexibilität für die Zukunft, aber sie kommt nicht von allein. Sie erfordert große Anstrengungen nicht nur während Schule und Studium, sondern auch während des gesamten Erwerbslebens. Diese Anstrengung wird – die angespannte fiskalische Lage macht das deutlich – in zunehmendem Maße nicht vom Staat, sondern von privater Hand erbracht werden müssen. Aber so können wir die Zukunft unseres staatlichen Gemeinwesens doppelt stützen: Privates Engagement auch in der Bildung entlastet die staatlichen Budgets genauso, wie es die zukünftige Leistungsfähigkeit sicherstellt. Außerdem gewinnen wir durch vielfältige, im Wettbewerb stehende, dezentrale Institutionen der Bildung wichtige Flexibilität.

Schließlich führt der Anspruch auf lebenslanges Lernen nicht zu einer lebenslangen Schulpflicht, sondern zu mehr Eigenverantwortung und Freiheit. Friedrich Dürrenmatt hat seinem Drama »Die Physiker« einige bemerkenswerte Aperçus vorangestellt. Eines davon ist hier besonders sinnfällig: »Die Physik geht den Physiker an, die Folgen der Physik gehen alle an.« Die Informationstechnologien mögen die Experten vorantreiben, ihre ökonomischen Folgen treffen uns alle. Aus dieser Verantwortung kommt die Pflicht, die Folgen abzuschätzen, sie zu bedenken, vor allem jedoch: sie offen und unmißverständlich zu kommunizieren. Das heißt auch, daß der Technologie gesetzliche Grenzen bestimmt werden können und müssen. Aber der Zensur müssen wir eine klare Absage erteilen. Diese Grenzen sind immer dann richtig, wenn sie der Transparenz und der Ehrlichkeit dienen, und immer dann falsch, wenn sie dem fortschrittlichen Wandel selbst Einhalt gebieten wollen.

*

Unser begrenztes und begrenzt bleibendes Wissen über die unendlich vielen Determinanten der Welt und jedes Individuums, befand Alfred Herrhausen, verlange in der Gesellschaft und Wirtschaft dezentralisierte Institutionen und Verfahren der Entdeckung und Verbreitung von Informationen und Kenntnissen, durch die wir unsere Strukturen und Prozeduren vor Erstarrung bewahren und sie flexibel, wandelbar, lernfähig erhielten. Wer heute – in der unternehmerischen und politischen Verantwortung stehend – wachsam auf die Strömungen der Zeit blickt, bemerkt eine Revolution der Informations- und Kommunikationstechniken, die alle Bereiche der Wirtschaft erfaßt. Die Chancen, die daraus erwachsen, sind im Prinzip unbegrenzt. Das Leben und Denken Alfred Herrhausens mahnt uns zu jener Zuversicht, durch die aus Chancen ein wahrer Fortschritt wird.

Erstmals veröffentlicht in der »Frankfurter Allgemeinen« *vom 6. 1. 2000.*

Anhang

Symposium
Alfred Herrhausen
8.12.1999
Challenge of the Debt Crisis
Herausforderung Schuldenkrise
Deutsche Bank

BIOGRAPHIE ALFRED HERRHAUSEN

Alfred Herrhausen wurde am 30. Januar 1930 in Essen geboren. Er studierte Betriebswirtschaftslehre an der Universität Köln. Dem Abschluß als Diplomkaufmann im Jahre 1952 folgte drei Jahre später die Promotion zum Dr. rer. pol.

Sein Berufsweg führte ihn zuerst in die Industrie, und zwar in die Versorgungswirtschaft. 1952 begann er als Direktionsassistent in der Hauptverwaltung der Ruhrgas AG in Essen. 1955 wechselte Herrhausen zu den Vereinigten Elektrizitätswerken Westfalen AG (VEW), Dortmund.

Er war maßgeblich an den Vorarbeiten und der Verwirklichung der VEW-Teilprivatisierung 1966 beteiligt. Ein Jahr später erfolgte die Berufung zum Vorstandsmitglied der VEW, zuständig für den Finanzbereich.

Zum 1. Januar 1970 wurde Herrhausen zum stellvertretenden Mitglied des Vorstands der Deutschen Bank AG berufen; 1971 wurde er ordentliches Vorstandsmitglied.

Er zeichnete für das internationale Geschäft (Nord- und Südamerika, Australien/Neuseeland, Südafrika) und die Außenhandelsfinanzierung der Bank sowie volkswirtschaftliche Fragen verantwortlich. Außerdem betreute er den Filialbereich Essen. Ende 1974 wurde er vom Bundesfinanzminister in die Studienkommission »Grundsatzfragen der Kreditwirtschaft« (Bankenstrukturkommission) berufen, deren Auftrag es war, die Struktur der deutschen Kreditwirtschaft zu prüfen und Vorschläge zur Verbesserung des Kreditwesens zu erarbeiten.

1983 wurde Herrhausen von der Bundesregierung, zusammen mit zwei weiteren »Stahlmoderatoren«, als neutraler Berater beauftragt, ein Konzept zur Neuordnung der deutschen Stahlindustrie zu erarbeiten.

Seit Mai 1985 war er von seinen Vorstandskollegen gewählter Sprecher des Vorstands der Deutschen Bank, ein Amt, das er zusammen mit Dr. F. Wilhelm Christians bis zu dessen Pensionierung im Mai 1988 ausübte. Den beiden Vorstandssprechern oblag gemeinsam die geschäftspolitische Steuerung des weltweit operierenden Bankkonzerns.

Am 11. Mai 1988 wurde Herrhausen alleiniger Sprecher des Vorstands der Deutschen Bank.

Am 30. November 1989 wurde Alfred Herrhausen von Terroristen in Bad Homburg v.d.H. ermordet.

VERZEICHNIS DER AUTOREN

Rolf-E. Breuer
Sprecher des Vorstands der Deutschen Bank
Vorsitzender des Kuratoriums der Alfred Herrhausen Gesellschaft für internationalen Dialog

Geboren 1937 in Bonn. Lehre bei der Deutschen Bank in Mainz und München, dann Studium der Rechtswissenschaften in Lausanne, München und Bonn. 1967 Promotion. Im Anschluß Tätigkeit in der Börsenabteilung der Deutschen Bank in Frankfurt am Main, seit 1974 Direktor und Leiter der Börsenabteilung. 1985 Berufung in den Vorstand des Instituts. 1997 Ernennung zum Sprecher des Vorstands.

James A. Baker, III
Geboren 1930 in Houston (Texas). Jurastudium, 1957 Promotion an der University of Texas School of Law in Austin. Bis 1975 als Anwalt tätig. 1975 Under Secretary of Commerce bei Präsident Ford. 1981–85 Stabschef im Weißen Haus unter Präsident Reagan.

1985–88 Finanzminister der USA im Kabinett Reagan und Vorsitzender des Wirtschaftspolitischen Rates des Präsidenten. 1989–92 Außenminister der USA unter Präsident Bush. Seither Senior Partner der Anwaltskanzlei Baker & Botts sowie Chefberater von The Carlyle Group. 1997 UNO-Gesandter in der Westlichen Sahara. Zahlreiche Auszeichnungen und Ehrungen im politischen und universitären Bereich.

Franz Kamphaus
Bischof von Limburg

Geboren 1932 in Lüdinghausen (Westfalen). Studium der Philosophie und Theologie, 1959 Priesterweihe, 1968 Promotion. 1959–64 Kaplan und Religionslehrer in Westfalen. Seither verantwortlich für die Predigtausbildung der Priester im Bistum Münster. 1971 Referatsleiter Priesterfortbildung. 1972 Professor an der Universität Münster, 1973 Regens des dortigen Priesterseminars. 1982 Bischofsweihe und Amtseinführung in Limburg. In der Bischofskonferenz 1986–91 Jugendbischof, Kommission Weltkirche, 1991–99 Vorsitzender der für das Bischöfliche Hilfswerk Misereor zuständigen Kommission, seit 1999 Vorsitzender der Kommission Weltkirche.

Hans Tietmeyer

Präsident der Deutschen Bundesbank i. R.

Geboren 1931 in Metelen (Westfalen). Studium der Wirtschafts- und Sozialwissenschaften, Diplomvolkswirt 1958, Promotion 1960. 1959–62 Geschäftsführer der Studienförderung Cusanuswerk. 1962–82 im Bundesministerium für Wirtschaft, dort 1962–70 Referent, dann Ministerialrat, 1970–73 Ministerialdirigent, 1973–82 Ministerialdirektor, Leiter der Abteilung I »Wirtschaftspolitik«. 1982–89 Staatssekretär im Bundesministerium der Finanzen (insbesondere zuständig für Grundsatzfragen der Finanzpolitik, für internationale Währungspolitik, für EG-Fragen und für die Vorbereitung der Weltwirtschaftsgipfel). 1990 Mitglied des Direktoriums der Deutschen Bundesbank und des Zentralbankrats. 1991–93 Vizepräsident der Deutschen Bundesbank. 1993–99 Präsident der Deutschen Bundesbank. Zahlreiche nationale und internationale Preise und Ehrungen.

Axel van Trotsenburg

Geboren 1958. Studium in Graz und Wien, Magister und Promotion in Wirtschaftswissenschaften; ferner Magister im Fach »Internationale Beziehungen« nach Studien an der Johns Hopkins-Universität in Bologna und der Carleton University in Ottawa (Kanada). Tätigkeit im Referat Auslandsschulden bei der OECD in Paris. 1988 Chef-Länderökonom für die Elfenbeinküste und Country Economist für Guatemala bei der Weltbank. Seit 1996 Manager der HICP-Implementation-Unit, betreut in Zusammenarbeit mit dem IWF die Umsetzung der Initiative für hochverschuldete arme Länder.

Emmanuel Tumusiime-Mutebile

Geboren 1949. Studium in Kampala, an der Durham University und in Oxford. 1974–77 Lehrauftrag für Wirtschaftswissenschaften am Balliol College, Oxford, und am St. Peter's College, Oxford. 1977–79 Dozentur für Wirtschaftswissenschaften an der Universität von Daressalam. 1979/80 Deputy Principal Private Secretary des Präsidenten, State House Entebbe. 1981 Stellvertretender Staatssekretär im Ministerium für Planung und Wirtschaftsentwicklung. 1985 Permanent Secretary im Büro des Ministerpräsidenten, Zuständigkeit für Wirtschaftsfragen. 1986 Permanent Secretary des Ministeriums für Planung und Wirtschaftsentwicklung. 1992–96 Permanent Secretary für den Bereich Treasury des Wirtschaftsplanungs- und Finanzministeriums. Seit 1996 Secretary für den Bereich Treasury im Finanzministerium.

Diarmuid Martin

Geboren 1945 in Dublin. Studium der Theologie, 1969 Priesterweihe. Weiteres Studium der Moraltheologie in Rom. 1977–86 Mitarbeit im Pontifikalrat für die Familie. 1986–94 Untersekretär im Pontifikalrat für Gerechtigkeit und Frieden. Seit 1994 Sekretär des Pontifikalrats für Gerechtigkeit und Frieden. Seit 1999 Titularbischof von Glendalough. Beauftragter des Heiligen Stuhls bei internationalen Konferenzen zu Entwicklungsfragen, u.a. beim Weltgipfel zum Thema Umwelt und Entwicklung (Rio de Janeiro 1992) und bei der Habitat II (Istanbul 1996). Zu seinen Aufgaben gehört auch die Koordination von Kontakten zwischen dem Vatikan und der Weltbank.

TEILNEHMERVERZEICHNIS

Abrahamson, Anders Merita Nordbanken

Angenendt, Uwe BHF-Bank, Leiter der Abteilung Volkswirtschaft

Anne-Wissing, Stefanie Deutsche Bank AG, Global Market ICG

Augustinus o. praem. Heinrich Graf Henckel von Donnersmarck Katholisches Büro Nordrhein-Westfalen, Direktor

Baer, Gunther D. Bank für internationalen Zahlungsausgleich, Secretary General

Baker, III, James A. Former Secretary of the Treasury and Secretary of State of the United States of America

Balkhausen, Dieter Zweites Deutsches Fernsehen, Wirtschaftsjournalist

Bauer, Ilse Generalkonsulat der USA, Frankfurt am Main

Baum, Wilfried Deutsche Bundesbank, Abt. Internationale Währungs- und Wirtschaftsentwicklung

Becker, Dr. Werner Deutsche Bank AG, Economic and Banking Policy, European Integration
Beckerle, Dirk
Bey, Helmut von der
Beyreuther, Dr. Ursula Deutsche Bank AG, Filiale London
Birkeland, Ole
Bischofberger, Alois Credit Suisse, Chief Economist & Head, Economic Research
Böckenförde, Prof. Dr. Dr. Ernst Wolfgang
Böckermann, Gregor Initiative Ordensleute für den Frieden
Böttcher, Barbara Deutsche Bank AG, Economic and Banking Policy, European Integration
Borggrefe, Dr. Siegfried Bundesministerium für Wirtschaft und Technologie
Bosch, R. A. R. van den ABN AMRO Bank, Chief Economist
Bosch, Dr. Ulrich Deutsche Bank AG, Stabsbereich Recht
Boydell, Richard
Brabänder, Bernd Bundesverband deutscher Banken
Braems, Norbert Sal. Oppenheim Jr. & Cie., Chefvolkswirt
Braun, Mark
Breuer, Barbara
Breuer, Dr. Rolf-E. Deutsche Bank AG, Sprecher des Vorstands

Broer, Dr. Clemens Unionmatex GmbH, Geschäftsführer
Broudré-Gröger, Joachim Auswärtiges Amt, Leiter der Wirtschaftsabteilung
Buquoy, Carl-Georg Graf von
Burgtorf, Dr. Andrea Deutsche Bank AG, Emerging Markets Risk Analysis
Burkhardt, Edgar Fernseh-Agentur

Carbonell Real-Salas, Alex
Checki, Terence Federal Reserve Bank of New York
Contzen, Ernst-Wilhelm Deutsche Bank Luxembourg S. A., Chairman of the Board
Crosnier, Marie-Christine Société Générale

Dallara, Charles H. Institute of International Finance, Inc., Geschäftsführender Direktor
Dawson, Thomas C. International Monetary Fund, Director
Delgado Planas, Antonio
Desjardins, Thierry Banque Nationale de Paris S. A., Senior Vice President
Dillerup, Stefan

Eberlei, Dr. Walter Institut für Entwicklung und Frieden
Eder, Dr. Gregor Dresdner Bank AG
Egger, Gustav Deutsche Beteiligungs AG
Eisenblätter, Dr. Bernd Deutsche Gesellschaft für

technische Zusammenarbeit GmbH, Geschäftsführer

Endres, Dr. Michael Deutsche Bank AG, Mitglied des Beraterkreises

Engelen, Dr. Klaus Handelsblatt, International Correspondent

Eßer, Daniel

Farran Boldu, Laura

Fekete, Janos Hungarian Development Bank Ltd., Advisor to the CEO

Fernholz, Dr. Michael Deutsche Bank AG, Filiale Berlin, Mitglied der Geschäftsleitung

Ferscha, Rudolf Goldman Sachs & Co. OHG, Geschäftsführer

Fiedler, Ortwin Deutsche Bank AG, Global Corporate and Institutions, Global Banking Division

Fischermann, Thomas Die Zeit, Wirtschaftskorrespondent

Förster, Heidrun Deutsche Bank AG, Filiale Berlin, Stellv. Vorsitzende des Aufsichtsrats

Foeth, Dr. Giselher Deutsche Bank AG, Repräsentanz Mexiko

Franke, Günter

Friedheim, Hans Commerzbank AG

Fuchs, Gerhard Deutsche Bank Luxembourg S.A.

Gardner, Robert

Geretzki, Olaf

Glampe, Michael Druckfabrik Gebr. Schmidt GmbH, Abteilungsleiter Finanzwesen / Versicherungen

Godfrey, Cliff Clifford Chance

Göpfarth, Michael

Gonzalvo, David

Gottschaller, Florian D.

Granville, Dr. Brigitte The Royal Institute of International Affairs

Gries, Lothar Wirtschaftswoche

Grolman, Helmuth von Grolman & Grolman Gesellschaft mbH

Gruber, Klaus-Dieter Deutsche Bank AG, Filiale Frankfurt am Main, Mitglied der Geschäftsleitung

Gummich, Dr. Andreas DWS Deutsche Gesellschaft für Wertpapiersparen mbH, Vice President, Strategie und Marketing, Emerging Markets

Guterman, Siegfried Deutsche Bank AG, Corporate Center

Guth, Dr. Wilfried Deutsche Bank AG, ehem. Sprecher des Vorstands

Hacki, Daniel

Hanika, Frederic

Hans, Stephanie

Hartmuth, Dr. Hans-Günther Deutsche Bank AG, GCI-IBD

Hauenschild, Caspar von HypoVereinsbank AG, Generalbevollmächtigter

Hausmann, Dr. Volker Deutsche Welthungerhilfe e.V., Generalsekretär
Heering, Siglinde Deutsche Bank AG, Corporate Center
Hellermann, Joachim Deutsche Bank AG, Mitglied des Bereichsvorstands, Corporate Center
Hendricks, Britt
Herrhausen, Traudl Mitglied des Hessischen Landtags
Hilkenbach, Björn
Hionides, Constantino
Hoffmann, Ralf Deutsche Bank AG, Emerging Markets Risk Analysis
Hohmann, Josef
Holz, Bodo F. Management Engineers GmbH, Vorsitzender der Geschäftsführung
Hüther, Dr. Michael DGZ Deka Bank, Chefvolkswirt

Igelbrink, Corinna
Imani-Jung, Elke Hermes Kreditversicherungs-AG, Mitglied der Direktion, Leiterin Fachbereich Internationale Verschuldungsfragen/Umschuldungen
Ischinger, Prof. Dr. Barbara Fulbright-Kommission, Geschäftsführende Direktorin
Isermann, Markus

Jahnsen, Dr. Carlos Sozialdemokratische Partei Deutschlands (SPD), Referent der Arbeitsgruppe, Europäische Union
Jégou, Regina Generalkonsulat der Republik Frankreich

Jochimsen, Dr. Luc Hessischer Rundfunk, Chefredakteurin
Joicey-Cecil, Kate

Kalis, David
Kamphaus, Prof. Dr. Franz Bischof von Limburg
Karp, Lauri Deutsche Bank AG, GCI
Kendler, Eckhard-Rainer Deutscher Entwicklungsdienst gGmbH, stellv. Geschäftsführer
Kerber, Dr. Markus Kerber & Stechow
Kern, Alexis
Kern, Steffen Deutsche Bank AG, Economic and Banking Policy, European Integration
Kiehlborn, Thomas
Kirchhoff, Marc
Költzsch, Torsten
König, Dr. Reiner Deutsche Bundesbank, Leiter der Abteilung Volkswirtschaft
Kohl, Barbara Deutsche Bank AG, Global Credit Risk Management
Kosciusko, Jacques Crédit Lyonnais S. A.
Kramer, Dr. Stefan Deutsche Bank AG, Economic and Banking Policy, European Integration
Kriegelstein, Michaela DG-Bank Deutsche Genossenschafts Bank AG, Euro-Projekt
Kühner, Sandra
Kurtz, Dipl.-Volksw. Gisela

Lally, Harpit
Lauk, Dr. Tillmann-Christoph Deutsche Bank AG,

Leiter des Stabsbereichs Strategische Konzernplanung
Leeb, Kathrin Deutsche Bank AG, Büro Dr. Breuer
Lefrançois, Aurélie
Legendre, Dr. Bertrand
Liesering, Dr. Hans-Dieter Deutsche Bank AG, Corporate Center
Linder, Dr. Dagmar Deutsche Bank AG, Global Banking Division
Lindheimer, Marko
Ludescher, Hans-Peter Deutsche Bank AG

Martin, Diarmuid Bischof, Sekretär des Päpstlichen Rates Justitia et Pax
McGovern, Daniel Merrill Lynch, Managing Director, Ratings Advisory Service
Medina Suarez, Javier
Medri, Dr. Giuseppe Banca d'Italia, Delegate Ufficio Italiano Cambi
Miehe, Thomas
Moutot, Philippe Europäische Zentralbank, Deputy Director General
Müller, Klaus-Peter Commerzbank AG, Mitglied des Vorstands

Neuss, Dr. Knut Deutsche Bank AG Filiale Mannheim, Mitglied der Geschäftsleitung
Niederste-Osthold, Michael Deutsche Bank AG Filiale Düsseldorf, Mitglied der Geschäftsleitung

Nienhaus, Prof. Dr. Volker Ruhr-Universität Bochum, Direktor des Instituts für Entwicklungsforschung und Entwicklungspolitik

Nittka, Isabella

Nontapunthawat, Nimit Bangkok Bank Public Company Limited, Executive Vice President & Chief Economist

Nordmann, Carsten Afrika-Verein e.V., Vorsitzender

Offermann, Carsten

Pallmann, Dr. Hans-Dietrich Deutsche Gesellschaft für technische Zusammenarbeit GmbH, Geschäftsführer

Peemöller, Fred

Petersen, Aslak

Pohl, Prof. Manfred Deutsche Bank AG, Historisches Institut

Pons-Boleda, Nuria

Pottgiesser, Helmut

Preusser, Ralf

Queisser, Prof. Dr. Hans-Joachim Max-Planck-Institut für Festkörperforschung, Direktor

Ramirez Faraco, Irene

Rau-Vogt, Petra freie Wirtschaftsjournalistin

Reepel, Ronald

Rubiera Gonzales, Maria A.

Salditt, Dieter Alfred Herrhausen Gesellschaft für internationalen Dialog, Geschäftsführer

Schäl, Ingo

Scheele, Wilfried American Chamber of Commerce, Repräsentant Hessen

Schmid, Dipl.-Volksw. Isabel Fraunhofer Institut für Systemtechnik und Innovationsforschung (ISI)

Schmitt, Ingeborg Commerzbank AG

Schmitz, Dr. Ronaldo H. Deutsche Bank AG, Mitglied des Vorstands

Schulz, Eberhard Deutsche Bank AG, Emerging Markets Risk Analysis

Schulz, Falk-Wilhelm

Schwedler, Klaus GTG Gesellschaft für Technisches Gebäudemanagement mbH, Mitglied des Aufsichtsrats der Deutschen Bank AG

Siedenberg, Dr. Axel Deutsche Bank AG, DB Research, Mitglied der Geschäftsleitung

Siemens, Oltmann G. The World Bank

Siemens, Tjardo A. Pünder, Volhard, Weber & Axster, Rechtsanwälte

Sollors, Guido M. Deutsche Bank AG, Filiale Gütersloh, Leiter des Bereichs Unternehmen und Immobilien

Sommer, Johannes

Speyer, Bernhard Deutsche Bank AG, Economic and Banking Policy, European Integration

Staden, Andreas von

Stern, Ernest J. P. Morgan

Sublett, Jennifer Amerikanisches Konsulat, Konsulin

Tanrikulu, Onur
Teuscher, Dr. Ruetger DG-Bank, Deutsche Genossenschaftsbank AG, Senior Economist
Thieme, Marlehn Deutsche Bank, Stiftung »Hilfe zur Selbsthilfe«, Mitglied der Geschäftsführung
Thierbach, Hans-Otto Deutsche Bank AG, ehem. Mitglied des Vorstands
Thomasius, Andreas Deutsche Bank AG, Global Banking Division
Tietmeyer, Prof. Dr. Hans Präsident der Deutschen Bundesbank i. R.
Tils, Peter Deutsche Bank AG, GCI Global Banking Division
Trömel, Dr. Frank DELTON Aktiengesellschaft für Beteiligungen, Vorsitzender des Vorstands
Trotsenburg, Dr. Axel van Weltbank, Manager für die Umsetzung des Heavily-Indebted-Poor-Countries-(HIPC-)Projekts
Tumusiime-Mutebile, Emmanuel Finanzministerium Uganda, Secretary für den Bereich Treasury
Twickel, John Freiherr von Bankhaus Gebrüder Bethmann, persönlich haftender Gesellschafter

Vogt, Dr. Wolfgang Deutsche Bank AG, Financial Institutions

Walcke-Wulffen, Dr. Dirk von Deutsche Bank Saar AG, Mitglied des Vorstands
Walter, Prof. Dr. Norbert Deutsche Bank AG, Chefvolkswirt

Wank, Ulrich Piper Verlag GmbH, Lektor
Weber, Ilka
Weber-Krebs, Frido European Investment Bank, General Director
Wehle, Sabine Partner Heidrick & Struggles – Mülder & Partner
Wendt, Wolfgang Deutsche Bank AG, Global Corporates and Institutions Umschuldung
Winkelgrund, Michael
Wooldridge, Philip Bank for International Settlements (BIS)

Zapp, Dr. Herbert Deutsche Bank AG, ehem. Mitglied des Vorstands
Zimmermann, Kristian

DIE ALFRED HERRHAUSEN GESELLSCHAFT FÜR INTERNATIONALEN DIALOG

Die Deutsche Bank macht Geschäfte. Aber sie macht nicht nur Geschäfte. Sie ist Teil der Gesellschaft und will es zum Ausdruck bringen.

Die **Alfred Herrhausen Gesellschaft für internationalen Dialog** ist eine Gründung der Deutschen Bank. Sie besteht seit 1992 und verfolgt gemeinnützige Zwecke. Ihr Ziel ist, Macht, Geist und Geld zusammenzubringen und den Austausch zwischen diesen drei Grundelementen öffentlichen Lebens zu pflegen.

Auf ihren Veranstaltungen werden die wichtigen Themen der Zeit behandelt. Das besondere Augenmerk gilt den Verflechtungen zwischen dem nationalen und dem internationalen Geschehen.

KURATORIUM UND GESCHÄFTSFÜHRUNG